AF493761

AHMED RUSTEM BEY
CI-DEVANT AMBASSADEUR DE TURQUIE A WASHINGTON

LA GUERRE MONDIALE ET LA QUESTION TURCO-ARMÉNIENNE

Fr. 3.—

BERNE — FERD. WYSS, EDITEUR — 1918

AHMED RUSTEM BEY
CI-DEVANT AMBASSADEUR DE TURQUIE A WASHINGTON

A GUERRE MONDIALE

ET

LA QUESTION
URCO-ARMÉNIENNE

BERNE — FERD. WYSS, ÉDITEUR — 1918

EXPLICATION PERSONNELLE DE L'AUTEUR

Fils d'un Polonais qui, ayant trouvé un asile en Turquie après la révolution avortée des Hongrois en 1848, entra à son service comme officier et fut l'objet des faveurs de son gouvernement jusqu'à sa mort, je me suis inféodé au peuple turc, autant par reconnaissance que par appréciation de ses très nombreuses et très sympathiques qualités.

En écrivant ce livre destiné à défendre la Turquie devant l'opinion publique occidentale dans la question turco-arménienne, je n'ai fait que continuer à donner cours à mes sentiments d'attachement pour le pays où je suis né et où, à mon tour, j'ai été l'objet de sa bienveillance. Ces sentiments se sont manifestés par des actes dont la sincérité ne peut être mise en doute; ainsi je me suis battu deux fois en duel pour soutenir son honneur et j'ai pris part comme volontaire à la guerre turco-grecque.

C'est après carrière faite et assuré depuis longtemps des sentiments bienveillants du gouvernement ottoman et de mes compatriotes turcs, que je fais paraître cet ouvrage sous mon nom. Par là je veux dire que, ce faisant, je n'obéis qu'à mon amour pour le pays. Quant au degré de conviction avec lequel j'ai mis ma plume à son service dans ce débat, où il s'agit de prouver que la Turquie n'est pas la grande coupable qu'on prétend et où les passions se trouvent excitées au plus haut point, il se trouve suffisamment déterminé par l'apposition de ma signature au bas de ce plaidoyer, où je dis de cruelles vérités aux Comités arméniens et à l'Entente.

Les explications que je viens de donner étaient nécessaires, car en présence de la difficulté où je me flatte d'avoir mis la partie adverse de répondre à ma défense de la Turquie, elle cherchera à m'attaquer dans ma personne. Elle dira peut-être qu'un Ottoman d'origine polonaise qui prend fait et cause pour les Turcs contre les Arméniens ne peut être qu'un mercenaire. Elle dira aussi qu'étant devenu musulman, je ne suis qu'un rénégat qu'on ne peut prendre au sérieux dans le rôle de défenseur des Musulmans contre lés Chrétiens.

Dans son embarras, que ne dira-t-elle pas encore d'aussi juste et d'aussi élégant ?

Mais il n'y aura là toujours que des arguments déplacés ! A supposer même que je sois le personnage indigne qu'elle cherchera sans doute à faire de moi, qu'est-ce que cela prouverait ? Deux et deux n'en font pas moins quatre, même si c'est un filou ou un assassin qui l'affirme. En effet, ce sont les arguments qui parlent. Ceux-ci admis comme valables en eux-mêmes, la personnalité de celui qui les avance ne contribue ni à les infirmer, ni à les confirmer.

Deux mots encore. Je ne nourris contre les Arméniens aucun préjugé — tout au contraire, je les admire comme un peuple doué de nom-

breuses et solides qualités. Je compte parmi eux beaucoup de connaissances et quelques amis. Répétant ce que j'ai écrit dans la phrase qui clôt mon ouvrage, je dirai que comme Ottoman, je regrette très profondément la scission que l'intrigue a provoquée entre eux et les Turcs avec qui ils étaient destinés à vivre dans l'union. C'est pour ceux qui ont commis ce crime contre l'histoire, dont par là ils ont détourné le cours, que, revenus à eux-mêmes, les Arméniens devraient réserver leurs malédictions.

AHMED RUSTEM.

LA GUERRE MONDIALE
ET
LA QUESTION TURCO-ARMÉNIENNE

TRAITEMENT DES NON-MUSULMANS EN GÉNÉRAL DANS L'EMPIRE OTTOMAN

Quoique très embarrassée dans ses rapports avec ses sujets chrétiens dont la fidèlité n'a jamais été au-dessus de tout soupçon, la Turquie s'est sincèrement employée, depuis à peu près un siècle, à assurer aux éléments non-musulmans sous sa domination des droits et un traitement égaux à ceux des musulmans. — Cette idée anime toute la législation élaborée dans l'Empire depuis le «Tanzimat» (ère de réformes inaugurée par la proclamation de la Charte de Gulhané en 1839) et se trouvait en grande partie réalisée, lorsque la Russie, elle-même plus que jamais attachée à un système de gouvernement où ses sujets non orthodoxes étaient condamnés à un état d'infériorité marqué vis-à-vis de leurs compatriotes appartenant à la religion d'Etat, osa lui déclarer la guerre en 1876, sous prétexte d'en obtenir l'application.

Si l'œuvre entreprise n'avait pas été entièrement accomplie jusqu'alors, la raison s'en trouve dans le fait que la disparition de la suprématie musulmane aurait donné lieu à des chocs perpétuels entre les différentes sectes de chrétiens dont la haine les unes pour les autres ne connaissait pas de bornes [1]).

[1]) Un exemple entre cent de cette hostilité mutuelle: Orthodoxes et catholiques et orthodoxes entre eux se livraient à des combats sanglants jusque dans l'enceinte même de l'Eglise du St-Sépulcre. Finalement, le gouvernement Ottoman dut faire stationner un peloton de troupes dans ce temple — le plus sacré de la chrétienté — pour prévenir les scènes scandaleuses qui le profanaient.

Voici comment s'exprime à ce sujet le diplomate français M. Engelhardt dans son livre *La Turquie et le Tanzimat*: ... «Mais en préconisant les avan«tages d'un régime commun, le Divan se défendait «d'une assimilation complète qui aurait compromis «la suprématie musulmane, seule barrière d'après lui «contre l'anarchie. Cette précaution avait sa raison «d'être dans un fait indéniable à cette époque et qui «pouvait passer pour un axiome: ... le gouverne«ment musulman est celui qui divise le moins les «rayas.»

Et qu'on n'oublie pas qu'une autre difficulté, et non des moindres rencontrées par la Sublime-Porte dans l'exécution de sa tâche, se trouvait dans l'attitude des chrétiens eux-mêmes qui réclamaient la suppression des inégalités dont ils souffraient dans certains domaines, mais s'opposaient à l'annulation des privilèges dont ils jouissaient dans d'autres. — Cette vérité est également constatée par M. Engelhardt dans son livre sus-mentionné qui contient le passage suivant à ce sujet: «Cette expérience (l'assi«milation des non-musulmans aux musulmans en ce «qui concerne l'impôt du sang) portait en elle un «enseignement inattendu: elle démontrait que la ré«forme, à mesure qu'elle passerait de la théorie dans «le domaine des faits, serait combattue par ceux-là «mêmes qui devaient en recueillir les premiers béné«fices, difficulté qui aggravait singulièrement le pro«blème particulier dont la solution importait surtout «aux Puissances.»

Toutefois, l'honorable auteur commet une grave erreur historique quand il parle de toutes les Puissances comme ayant à cœur l'apaisement ou la satisfaction des sujets chrétiens de la Sublime-Porte, par l'adoption de mesures destinées à les mettre sur un pied d'égalité avec ses sujets musulmans. — La Russie dont la politique à l'égard de la Turquie avait eu notoirement pour but depuis plusieurs siècles de préparer les voies à sa conquête de Constantinople, en entretenant chez ses voisins un état de faiblesse chronique la rendant incapable de lui opposer une résistance efficace — ce qui en fait lui avait permis de se rapprocher considérablement de l'objet de ses convoitises — posait bien en avocat zélé de la cause des orthodoxes ottomans, mais en réalité, elle eût été fort contrariée qu'ils fussent privés de leurs griefs contre la Sublime-Porte. Aussi, les encourageait-elle en sous-main à afficher des prétentions qui devaient empêcher l'entente de se produire entre celle-ci et ceux-là. D'autre part, l'Angleterre et la France s'étaient employées à favoriser la consolidation intérieure et extérieure de l'Empire pendant l'époque comprise entre 1840 et 1878 ; par contre, à partir de cette dernière date, elles dirigèrent leurs efforts dans le sens contraire. La révolution de 1908 qui avait eu l'air de les désarmer, en engageant la Turquie dans les voies du libéralisme dont elles professent d'être les Grandes Prêtresses, ne fit qu'augmenter leur hostilité lorsqu'elles se furent aperçues que les patriotes qui avaient mis fin au despotisme de Yildiz, étaient décidés à compléter leur œuvre en débarrassant le pays de la tyrannie étrangère dont l'étreinte était tout aussi étouffante.

Malgré tout, la Turquie persévéra dans sa tâche, si bien que depuis une trentaine d'années, les distinctions entre musulmans et non-musulmans que les préjugés des siècles précédents, communs à l'Occident et à l'Orient, lui avaient fait maintenir dans son économie nationale, en ont complètement disparu. L'assimilation des rayas aux sujets musulmans de l'Empire devint complète et ils n'eurent même plus à se plaindre de cette dénomination humiliante qui fut supprimée de la législation ottomane avec les distinctions défavorables qui s'y attachaient.

Tout en procédant à une transformation de ses lois établissant l'égalité pour tous en matière d'administration générale, la Turquie permit à ses sujets non-musulmans de conserver leur organisation en communautés distinctes, jouissant d'une autonomie complète au point de vue religieux, scolaire et judiciaire — judiciaire en tant qu'il s'agissait de questions de statut personnel. Parlant des privilèges de cette situation datant du lendemain même de la conquête de Constantinople en ce qui concerne les Grecs et les Arméniens, voici ce que dit M. Philip Marshall Brown, professeur de droit international à l'Université de Princeton (Amérique), dans son livre publié en 1914 et intitulé: *Les étrangers en Turquie et leur statut juridique:* «Quels «qu'aient été les mobiles qui guidèrent les Turcs «ottomans dans leur politique à l'égard de leurs «sujets chrétiens, il est suffisant de noter que sans «le secours de puissantes armées, ni de grosses «flottes, les sujets chrétiens et autres de la Sublime-«Porte obtinrent des immunités étendues de juri-«diction ressemblant à celles octroyées plus tard «aux étrangers.»

Traitant du même sujet, le livre de M. Brown contient cet autre passage remarquable: «Celle-ci «(la politique des Turcs à l'égard de leurs sujets «non-musulmans) était en parfaite harmonie avec la «jurisprudence musulmane et réfute l'universelle «réputation d'intolérance qu'on leur a si injuste-«ment faite.»

Voilà une preuve d'honnêteté historique qu'on est agréablement surpris de rencontrer dans un ouvrage faisant partie de la littérature de l'Occident relative à la Turquie et qui fait le plus grand honneur à celui qui la donne. Les rapports entre le monde musulman et le monde chrétien gagneraient beaucoup à ce que l'esprit d'impartialité et d'équité dans lequel l'auteur américain a traité son sujet, fût celui de tous les Occidentaux s'occupant de la Turquie.

Affranchis d'une part des distinctions dont ils avaient souffert dans le domaine judiciaire et administratif; maintenus, d'autre part, dans leurs antiques privilèges, favorisant leur développement dans un sens national et garantissant leur liberté culturelle, les peuples non-musulmans soumis à la domination turque acquirent une situation qui constitue un exemple unique de libéralisme dans le traitement des races conquises. En effet, est-ce la Russie, est-ce la France, est-ce même l'Angleterre qui ne cesse de se targuer de son attitude envers ses sujets allogènes; est-ce l'une quelconque de ces Puissances agrandies par la conquête, comme la Turquie, dont les principes de gouvernement impérial offrent les traces d'une pareille générosité? La réponse à cette question est écrite en grosses lettres dans les législations restrictives dont sont respectivement victimes ou l'ont été jusqu'à ces derniers jours la Pologne, Khiva et Boukhara; l'Algérie, la Tunisie et l'Indo-Chine; l'Irlande et les Indes, pour ne parler que de ces pays privés de leur indépendance au profit des Puissances dont il est question.

Dans cette question, nous ne voulons insister que sur un seul point. La Turquie peut citer les noms de dizaines de chrétiens: Grecs, Syriens, Arméniens, qu'elle a employés dans les plus hautes fonctions gouvernementales et administratives. Ceux à qui elle a confié des postes secondaires se comptent par milliers. Non seulement, il n'est jamais arrivé qu'un indigène des possessions extra-européennes de l'Angleterre, de la Russie ou de la France ait atteint au rang de Ministre d'Etat, d'Envoyé ou de Gouverneur-Général, mais la chose est même parfaitement inconcevable, tant la barrière est rigide entre conquérants et conquis dans les pays dont il s'agit. Ce préjugé va même jusqu'à interdire l'accès des emplois les plus subalternes dans l'Administration centrale, à ceux qui ne sont pas de race européenne et de religion chrétienne — les Juifs exceptés qui, du reste, ne représentent nulle part une race séparément subjuguée.

Les disqualifications administratives auxquelles sont condamnés les peuples asiatiques et nord-africains soumis à la domination de l'Europe, dont pourtant ils seraient parfaitement capables de s'assimiler la culture, si on se donnait la peine de la leur inculquer sérieusement, s'aggravent d'un ostracisme social qui les atteint dans leurs fibres les plus sensibles et rend la comparaison entreprise encore plus favorable à la Turquie, où les non-musulmans sont admis à se mêler à l'élément dominant sur un pied de parfaite et amicale égalité [1]).

Que les chrétiens comme tels aient eu à subir dans le temps des persécutions en Turquie, c'est indéniable.

---

[1]) Dans les Etats-Unis d'Amérique, qui se targuent de leurs sentiments libéraux et chrétiens, les prospectus de nombre d'hôtels portent en vedette la mention suivante: « Les Juifs ne sont pas admis. » Dans les Etats du Sud, la distinction entre blancs et noirs est poussée au point que les premiers ne tolèrent pas la

Mais celles-ci n'ont jamais atteint l'horreur des « Inquisitions », des « St-Barthélemy », des « Progroms » dont l'Europe a donné le spectacle. Il y a autre chose. Les excès commis en Turquie au nom de l'islamisme, avaient pour auteurs la foule ou des individus agissant pour leur propre compte, sous l'influence d'un débordement peut-être fréquent, mais toujours accidentel de fanatisme et sans que les Sultans ou la Sublime-Porte en eussent été responsables, autrement que par leur inaction à les prévenir ou par leur lenteur à les réprimer. En Occident, le déchaînement des passions religieuses était encadré dans un système officiellement établi et dont le but froidement et résolument adopté, était la conversion forcée ou l'extermination des protestants ou des catholiques, selon que les uns ou les autres appartenaient à la religion d'Etat.

Ajoutons à la liste des tragédies religieuses dont

---

présence des seconds, même dans les wagons des tramways, que, disons-nous, même dans leurs églises. Les institutions scolaires et religieuses des deux races sont absolument distinctes du fait du mépris des blancs pour les noirs.

Dans l'Indoustan, les Anglais ne consentent à frayer qu'avec les membres des dynasties régnantes. Encore faut-il pour cela qu'ils aient reçu une éducation anglaise. Les indigènes, même ceux des classes les plus élevées, sont empêchés de voyager en première par une coutume ayant force de loi et en vertu de laquelle ces places sont réservées aux Anglais. Il y a eu de fréquents exemples d'Hindous âgés et occupant de hautes situations qui étant montés en première parce qu'ils n'avaient pas trouvé à se loger en seconde, en ont été ignominieusement expulsés par des Anglais imberbes et sans aucune importance. Le mépris que les soldats anglais témoignent aux indigènes dans leurs rapports quotidiens avec eux prend le plus souvent une forme parfaitement inhumaine. Leur brutalité à leur égard va quelquefois jusqu'au meurtre, dont la seule punition est le renvoi en Angleterre. Et voilà comment l'Angleterre se conduit, dans un pays qui a produit une des plus belles civilisations du monde !

l'Europe a été le théâtre, les sanglantes poursuites dirigées contre les Juifs en Espagne et leur expulsion en masse de la Péninsule, quand on eut acquis la conviction que les plus cruelles tortures ne les feraient pas renoncer à la foi de leurs pères.

L'ironie du sort a voulu que les malheureux expatriés juifs eussent trouvé un refuge en Turquie, cette Turquie prétendûment intolérante, où depuis quatre siècles, ils bénissent la mansuétude de leurs maîtres. Comment donc qualifier l'état d'esprit de l'Occident qui, oubliant les crimes religieux qu'il a à se reprocher lui-même, les monstruosités de la «Sainte» Inquisition surtout — ce monument d'iniquité que rien n'a égalé ni n'égalera — ose accuser la Turquie de fanatisme? Hypocrisie ou inconscience, c'en est enfin assez [1])!

On ne saurait trop y insister: Il ressort manifestement de l'histoire comparée de la Turquie avec les pays d'Occident, que les peuples qu'elle s'est annexés par les armes ont joui sous son sceptre d'une situation politique, nationale, religieuse et sociale, incomparablement plus favorable que ceux qui ont passé de la même façon sous la domination

[1]) Cette critique s'adresse surtout à la France, à l'Angleterre et aux Etats-Unis d'Amérique qui, dans leurs jugements sur les autres pays européens et sur l'Orient distingué de l'Occident, font preuve d'une sévérité indignée qui ne s'accorde nullement avec leurs propres errements et ceux de la race indo-aryenne opposée aux autres. L'Allemagne et l'Autriche-Hongrie se sont toujours honorablement distinguées des pays que nous venons de mentionner, en ne tombant pas dans le travers odieux de prétendre à la supériorité morale, reconnaissant que sous ce rapport, toutes les nations se valent plus ou moins. Nous sommes heureux de pouvoir rendre cet hommage à ces deux Puissances alliées de la Turquie, qui personnellement leur est reconnaissante de ce qu'elles n'ont jamais participé aux campagnes hypocrites dirigées contre elle.

de l'Europe. *C'est seulement par son incapacité à leur procurer les bienfaits d'une bonne administration, qu'elle s'est montrée inférieure à eux dans le rôle de puissance impériale.* Sur ce terrain, l'Europe et l'Amérique sont en droit de la critiquer. Mais ici encore, l'accusation de traitement différentiel porte à faux, car le peuple turc a souffert autant ou plus que ceux qu'il a associés à son existence, des vices dont s'est trouvé entachée l'administration qu'il a donnée à son Empire.

Une autre remarque importante à faire dans cet ordre d'idées, c'est que les non-musulmans avaient autant ou plus à se plaindre de leurs chefs spirituels que des autorités turques. Pour citer encore une fois M. Engelhardt: «A partir de cette période *(XVIIIme siècle)* — le fait est patent — les «provinces rattachées au Patriarcat de Constanti«nople n'avaient pas moins à souffrir de l'oppres«sion de leurs autorités ecclésiastiques que des «exactions des Pachas et comme elles étaient plus «directement en contact avec elles, c'était le joug «de leurs propres maîtres qui pesait le plus lourde«ment sur eux.»

Voilà la situation des non-musulmans en général dans l'Empire ottoman, telle qu'elle se dégage d'une étude froide et impartiale des faits historiques. Nous nous plaisons à croire que l'esprit de loyauté et le souci de l'exactitude qui ont présidé à la description que nous en avons faite, sauteront aux yeux du lecteur le plus prévenu et que cette mise au point aura pour effet de lui faire reconnaître que la Turquie est indignement calomniée, quand elle est représentée comme ayant fait subir à ses sujets chrétiens le sort de parias.

TRAITEMENT DES ARMÉNIENS DANS L'EMPIRE OTTOMAN

Arrivés à ce point, nous aborderons le sujet des rapports entre Turcs et Arméniens qui font l'objet spécial de ce travail.

Sans doute, dans certaines provinces habitées par les Arméniens, le voisinage des Kurdes, race douée de nombreuses qualités, mais primitive et turbulente, fournissait aux premiers un sujet spécial de plaintes. Hâtons-nous d'ajouter toutefois que les accusations dirigées de ce chef contre les seconds ont été empreintes de beaucoup d'exagération et de partialité. Dans un rapport intitulé: *Statistique des provinces de Bitlis et de Van*, et adressé à son gouvernement par le Général Mayewsky, Consul Général de Russie pendant six ans, d'abord à Erzeroum et ensuite à Van, cette question est présentée sous son véritable jour. Voici quelques-unes des constatations faites à ce sujet par ce haut fonctionnaire russe doublé d'un soldat dont le travail, publié secrètement et en un nombre limité d'exemplaires par l'imprimerie militaire de St-Pétersbourg, traite de la question turco-arménienne en général avec une bonne foi et une sincérité étonnantes, sauf en ce qui concerne le rôle fort peu édifiant que son propre pays y a joué et qu'il passe sous silence.

«Sans exception, les allégations des publicistes «selon lesquelles les Kurdes travailleraient à exter- «miner les Arméniens doivent être rejetées en bloc. «Si elles étaient fondées, il eût fallu que pas un «individu appartenant à une autre race n'eût pu «exister parmi les Kurdes et que les différents «peuples vivant au milieu d'eux se fussent trouvés «dans la nécessité d'émigrer en masse, faute de «pouvoir se procurer un morceau de pain ou de- «venir leurs esclaves. Or, ni l'une ni l'autre de ces «situations ne se sont réalisées. Au contraire, tous «ceux qui connaissent les provinces orientales at- «testeront que dans ces contrées, les villages des «chrétiens sont en tout cas plus prospères que «ceux des Kurdes. Si les Kurdes n'étaient rien que «des brigands et des voleurs comme les Euro- «péens le prétendent, l'état de prospérité des Ar- «méniens qui a duré jusqu'en 1895 n'aurait jamais «été possible. Ainsi jusqu'en 1895, la détresse des «Arméniens en Turquie n'est qu'une légende. «L'état des Arméniens ottomans n'était pas pire «que celui des Arméniens se trouvant dans d'au- «tres pays....

«...Les incidents au sujet desquels les révolu- «tionnaires arméniens poussaient de hauts cris, «comme les assassinats et les actes de pillage se pro- «duisaient autant et plus au Caucase (Russie). Pour ce «qui est de l'enlèvement des bestiaux, cette ques- «tion n'a pas un autre caractère que les vols de «troupeaux qui se pratiquent dans différentes lo- «calités de la Russie. Quant à la sauvegarde de «la vie et des biens, partout où le gouvernement «exerçait son autorité, ceux-ci étaient mieux ga- «rantis que dans le district d'Elisabetpol (Russie)....

«...On a vu certains chefs kurdes qui avaient «acquis depuis longtemps un renom comme ban- «dits et pillards, prendre sous leur protection les «Arméniens nécessiteux, même dans les époques «les plus agitées. Il ne peut y avoir de meilleure «preuve que les Arméniens ont vécu en parfaite «amitié avec les Kurdes que les comités dénon«çaient comme voleurs de grand chemin....

«...Durant les années 1895-96, les Kurdes «étaient sans contredit très montés contre les Ar«méniens. Mais ce fait n'implique nullement l'exis«tence d'une animosité foncière entre les deux «races....

«...En 1895, les comités arméniens ont semé «entre Arméniens et Kurdes une telle méfiance, «qu'aucune réforme ne pouvait durer dans ces «localités....

«...Ici, (à Sassoun), les Arméniens et les Kur«des avaient vécu ensemble et durant des siècles «une vie très amicale.... En 1893, un certain «Damadian y apparaît... un an après un certain «Boyadjian le remplace... à la suite des menées «de ces individus, plusieurs rixes eurent lieu en «peu de temps entre ces deux éléments....»

Ces constatations sont d'autant plus précieuses, qu'elles proviennent d'un représentant en Turquie même, d'une Puissance foncièrement hostile à la domination ottomane et qui a spécialement exploité contre elle la question arménienne. Elles établissent que Kurdes et Arméniens avaient vécu en termes d'amical voisinage pendant des siècles et que si, à partir d'une certaine date, les premiers conçurent de l'animosité contre les seconds, celle-ci n'a jamais pris le caractère excessif qu'on lui a attribué en Occident et que d'autre part, elle a été le produit de la discorde semée à dessein entre les deux races par les comités.

Il y a lieu d'ajouter que, de leur côté, les Arméniens de la région montagneuse de Zeitoun où ils s'étaient maintenus à l'état semi-indépendant jusqu'en 1895 et où, même après cette date, ils continuèrent à constituer un foyer de troubles et de désordres, se livraient à des attentats sur la personne et les biens des musulmans des environs, qui ne le cédaient ni en violence ni en fréquence, à ceux dont les leurs avaient à souffrir de la part des Kurdes [1]).

La Sublime-Porte ne s'occupait pas moins de remédier à la situation des premiers, ainsi que des seconds. Si elle ne réussissait pas à rétablir la sécurité dans ces parages situés sur les confins de l'Empire et isolés de la Capitale par l'absence de moyens de communications convenables; si, généralement parlant, elle n'arrivait pas à réformer son administration, c'est en grande partie à cause de l'effet paralysant des capitulations sur son action financière et administrative. Cela revient à dire que l'Europe obstinément attachée dans son égoïsme féroce à ces pactes, abusifs, tout au moins en tant qu'ils restreignaient l'indépendance économique de la Sublime-Porte, avait une part considérable de responsabilité dans les souffrances spéciales des Arméniens, comme dans celles qui affectaient le sort de la totalité de la population ottomane.

Si les Arméniens étaient plus à plaindre que le reste de leurs compatriotes non-musulmans du fait accidentel des violences des Kurdes — ce qui, du reste, n'était le cas que d'une certaine proportion d'entre eux, ainsi que nous venons de l'expliquer, et était compensé dans ce que nous appellerons la

[1]) Voir le livre intitulé *Zeitoun* par Minas Tchéraz, avec préface de G. Clémenceau, où l'auteur, lui-même Arménien, glorifie comme émanant d'un patriotisme exalté les actes de dévastation, de pillage et de tuerie perpétrés aux dépens de leurs compatriotes musulmans par l'association des brigands de Zeitoun.

comptabilité turco-arménienne, par la situation des musulmans de Zeitoun — par contre, leurs aptitudes pour le commerce et la finance comme pour l'administration trouvèrent dans la faveur des gouvernants turcs, auprès de qui ils étaient admis à jouer le rôle de conseillers et d'agents, des occasions spéciales de s'exercer qui leur permirent d'acquérir une situation politique et matérielle inconnue aux autres éléments chrétiens de l'Empire [1]).

ATTITUDE DES ARMÉNIENS JUSQU'A LA DERNIÈRE GUERRE TURCO-RUSSE

Les Arméniens se montrèrent dignes de ce traitement jusque vers le milieu du 19e siècle. Par leur attitude loyale et correcte comme sujets, par leur dévouement aux intérêts de l'Empire comme fonctionnaires, ils avaient même gagné le surnom de *Millet-i-Sadika* (le peuple fidèle). Malheureusement, à partir de cette date, la propagande russe qui jusqu'alors s'était contentée de s'exercer sur les Grecs et les Slaves de l'Empire, commença à s'occuper d'eux par l'entremise du Catholicosat d'Etchmiadjin (autorité religieuse suprême des Arméniens ayant son siège en Russie) qui employa les hommes de lettres et autres intellectuels arméniens de Russie pour créer un mouvement anti-turc

[1]) « Les plaintes suivant lesquelles l'état des Arméniens de Turquie serait intenable, ne se rapportent guère aux habitants des villes, car ceux-ci ont joui de tout temps de leur liberté et ont été favorisés sous tous les rapports. Quant aux paysans, grâce à une connaissance parfaite des travaux agricoles et de l'arrosage artificiel, leur condition était beaucoup meilleure que celle des paysans de la Russie centrale. » — *Général Mayewsky.*

parmi leurs congénères russes et ottomans. La graine de la désaffection ainsi semée du dehors, trouva un terrain propice de culture dans l'esprit de quelques idéologues arméniens ayant rapporté de l'étranger le microbe révolutionnaire de 1848 et d'un certain nombre de prêtres, que l'oisiveté où se complaisait leur classe, prédisposait à la politique [1]).

De cette façon, l'intrigante Russie donna le branle à un mouvement au sein du peuple arménien qui, se propageant petit à petit, finit par le gagner complètement et par faire du «peuple fidèle» l'élément le plus hostile à l'Etat. Mais rendons-lui cette justice: il fallut pour miner son loyalisme et amener ce changement radical dans son attitude, que les politiciens déséquilibrés et sans scrupules qui s'étaient emparé de ses destinées y eussent travaillé pendant soixante et dix ans avec le concours non seulement de la Russie, mais de l'Angleterre et de la France, qui l'une après l'autre, étaient venues se joindre à ses entreprises contre l'Empire ottoman.

Ce qu'il y avait de remarquable dans cette première phase de la question que nous traitons, c'est, d'une part, que les Arméniens cédaient aux suggestions de la Russie où leur race, pourtant réellement opprimée et dont plus d'un membre révolté était venu chercher un asile sur le sol hospitalier de la Turquie, aurait payé de mille persé-

---

[1]) «Quant au clergé arménien, ses efforts au sujet de l'enseignement religieux sont nuls. Par contre, les prêtres arméniens ont beaucoup travaillé à cultiver les idées nationales. Dans l'intérieur des couvents mystérieux, l'enseignement de la haine du Turc prit la place des dévotions. Les écoles et les séminaires contribuèrent largement à cette œuvre des chefs religieux.»

Général Mayewsky.

cutions nouvelles la moindre tentative de se soustraire à l'autorité directe des Tsars; et d'autre part, que la Sublime-Porte, ne voulant voir dans les démonstrations frisant la rébellion auxquelles ils ne tardèrent pas à se livrer à Erzeroum et ailleurs, que des manifestations accidentelles et passagères de mécontentement sans rapport aucun avec la politique, continua à observer à leur égard une attitude de paterne bienveillance. C'est ainsi que comme par le passé, elle continua à n'exercer aucune surveillance sur l'administration scolaire et religieuse du Patriarcat Arménien, à accorder des subventions officielles aux institutions nationales de la Communauté et à combler sur ses finances le déficit annuel du budget patriarcal.

Telle était la situation lorsque la guerre ayant éclaté entre la Turquie et la Russie en 1876, la fortune des armes amena l'armée du Grand-Duc Nicolas à San Stéfano.

Oublieux des très réelles et très larges franchises nationales et religieuses dont ils jouissaient dans le cadre de leur organisation *ecclésiastiquement* autonome et se refusant à tenir compte des difficultés qui entravaient l'action de la Sublime-Porte pour remédier aux défauts de son administration, les Arméniens profitèrent de la présence de l'ennemi par excellence de la Turquie aux portes de sa Capitale, pour lui demander de poser comme une des bases de la paix leur constitution en élément *territorialement* autonome. Ce qui aggravait cette démarche, c'est qu'elle était faite officiellement et ouvertement par le Patriarche Nersès Varzabedian qui dépêcha auprès du généralissime russe une délégation chargée de lui remettre un mémoire demandant «qu'on proclamât l'indépendance des «provinces de l'Asie-Mineure habitées par des Ar«méniens, ou tout au moins, que ces provinces «passassent sous le contrôle de la Russie».

Cette Puissance dont les promesses fallacieuses avaient poussé les Arméniens ottomans à formuler ces demandes, se souciait fort peu d'y donner suite. Aussi, les écartant assez cavalièrement, se contenta-t-elle d'insérer dans le traité de San Stéfano une clause stipulant des réformes en faveur des sujets arméniens du Sultan. Par là, elle n'entendait nullement obtenir une amélioration de leur sort qu'elle n'avait garde de voir former un contraste encore plus frappant avec celui des Arméniens vivant sur son propre territoire. Son but était tout simplement de se ménager un prétexte pour intervenir dans les affaires intérieures de la Turquie, qui viendrait remplacer celui dont elle s'était servi jusqu'alors, en jouant le rôle de protectrice des Slaves de l'Empire — rôle auquel les clauses du traité de San Stéfano donnant satisfaction aux aspirations des Bulgares, des Serbes et des Monténégrins, devaient apporter un terme naturel.

La convention de Chypre, conclue entre l'Angleterre et la Turquie et le traité de Berlin qui vint remplacer celui de San Stéfano, reproduisirent cette stipulation toujours à la suite des démarches officielles des Arméniens, le premier pour le compte de l'Angleterre séparément, le second pour le compte de l'Europe collectivement [1]).

[1]) L'Allemagne, l'Autriche-Hongrie et l'Italie étaient parfaitement indifférentes aux doléances des Arméniens les sachant factices et n'ayant d'autre part aucun intérêt à les exploiter. Si elles s'associèrent à quelques-unes des démarches faites en leur faveur tantôt par l'Angleterre, tantôt par la France, tantôt par la Russie, c'était par respect du Concert Européen et pour la forme.

C'est donc déjà à cette époque que les Arméniens apparurent sur la scène politique du monde dans le rôle de sujets déloyaux de l'Empire — rôle que leur situation dans cet Etat, si imparfaite qu'elle fût, était loin de justifier.

Il y a lieu de s'étendre sur ce point.

Bien avant que le principe des nationalités eût été formulé en Europe, la Turquie, dans un élan de libéralisme étonnant à cette époque (XVIe siècle), lui avait donné une très large application dans ses Etats. Sans doute, l'autonomie qu'elle accorda aux éléments non-musulmans sous sa domination avait pour base leur organisation ecclésiastique et non celle qui a prévalu depuis en Autriche-Hongrie et qui est formée par la circonscription territoriale. Mais en ce qui concerne les Arméniens, ce dernier système — si même il avait convenu à la Turquie de l'adopter, car enfin elle avait aussi

---

La France trouva dans la question arménienne artificiellement créée de toutes pièces une occasion, fort mal appropriée du reste, d'exercer son rôle usurpé de « protectrice des nations opprimées », mais en se maintenant pendant longtemps, en sa qualité officielle du moins, sur le terrain de la déclamation. L'Angleterre, qui au début s'empara de cette question en substituant son intervention à celle de la Russie, simplement pour faire contrepoids à cette Puissance dans le Levant, ne tarda pas à l'exploiter directement au profit de sa politique anti-turque. Son rôle instigateur, à l'égal de celui de la Russie, est ainsi décrit par M. Cambon, ambassadeur de France à Constantinople, dans un rapport adressé à son gouvernement en 1894: «Les Arméniens trouvèrent meilleur accueil à Londres qu'à Paris. Le Cabinet Gladstone attira les mécontents, les groupa, les disciplina. Il leur promit son appui. Dès lors, le comité de propagande s'établit à Londres où il prit ses inspirations. Il fallait faire pénétrer dans la masse de la population deux idées très simples, l'idée de la nationalité et l'idée de la liberté. Les comités se chargèrent de les répandre.» — *Livre Jaune 1893-1897.*

à considérer ses intérêts comme Empire — était impraticable par le fait de la dispersion de cette race à travers l'Empire et de la prépondérance acquise dès avant la conquête turque par l'élément musulman dans la composition de la population de ce qui avait été autrefois le royaume d'Arménie. Comme peuple privé de son indépendance, mais dont il était matériellement impossible de garantir l'individualité ethnique et culturelle dans des conditions d'existence autres que celles qui lui furent accordées dans l'Empire ottoman, les sujets arméniens de la Sublime-Porte ne pouvaient raisonnablement et légitimement invoquer d'autre droit que celui d'être bien administrés. La voie qui leur était tout naturellement tracée était de chercher un remède à leurs griefs dans une alliance avec leurs compatriotes musulmans non moins éprouvés qu'eux par les vices de l'administration impériale et parmi lesquels avait pris naissance un mouvement contre l'absolutisme du Trône, seul responsable en l'espèce [1]).

Au lieu de cela, faisant bande à part, comme s'ils n'appartenaient pas à la même patrie ou pouvaient en former une pour leur propre compte et préférant à une collaboration avec les fondateurs de l'Empire, dont la bienveillance leur était assurée, l'appui d'abord de l'ennemi séculaire de l'Empire qui en voulait à l'existence même de leur race et ensuite de l'Europe, fausse et intéressée, n'avaient-ils pas commis un acte de noire trahison, mêlée d'ingratitude envers l'élément dominant de l'Empire et une impardonnable faute politique, au point de vue

---

[1]) Le mouvement Jeune-Turc date des dernières années du règne d'Abdul-Aziz dont les dilapidations avaient ruiné le pays et dont la condescendance envers la Russie avait fini par constituer un danger pour son existence politique.

de leurs propres intérêts comme collectivité nationale? Le malheur est que refusant de revenir sur leurs pas, ils s'entêtèrent dans leur erreur et cela même après la révolution de 1908, qui, en abattant le régime hamidien, avait supprimé la seule excuse qu'ils pussent invoquer.

ATTITUDE DES ARMÉNIENS APRES LA GUERRE TURCO-RUSSE

Désappointés dans leurs démarches auprès du Congrès de Berlin qui ne leur avait accordé qu'un acompte sur leurs réclamations et se laissant égarer par l'exemple des Grecs et des Bulgares dont la situation essentiellement différente de celle des Arméniens avait rendu possible la création d'une Grèce indépendante et d'une Bulgarie autonome, les politiciens arméniens s'engagèrent dans un mouvement franchement révolutionnaire qui devait leur faire arracher à l'Europe indirectement ce qu'ils n'avaient pu obtenir d'elle directement. Constitués en de nombreux comités dont les plus militants étaient connus sous le nom de *Hintchak* et de *Dachnak*[1]), ils donnèrent à leur activité la forme d'une campagne violente contre la Turquie à l'étranger et d'une série ininterrompue d'actes de violence de toutes sortes à l'intérieur du pays. C'était en Angleterre, en France et en Amérique un déversement de calomnies sur le nom ottoman

---

[1]) Le *Dachnak* commença par s'appeler *Drochak*. Son organe appelé du même nom l'a conservé jusqu'à ce jour (voir au sujet de l'organisation de ce comité et de la forme prise par son action, les annexes nos 3, 4 et 5).

et des appels aux préjugés anti-musulmans, comme seule la plus perfide malignité pouvait suggérer. C'était dans l'Empire, la rébellion armée au moindre prétexte ; c'était l'assassinat, le rapt, le viol et le pillage systématiquement pratiqués aux dépens des musulmans. En procédant de la sorte, les comités comptaient sur des représailles qui devaient amener l'intervention de l'Europe. Celle-ci devait aboutir à son tour à la réalisation de leurs aspirations politiques.

On retrouve ce calcul dans toutes les entreprises ultérieures des comités qui, d'autre part, réussirent à faire accréditer dans le public occidental la version que dans le drame qui se jouait en Turquie, c'étaient les Arméniens qui étaient victimes des musulmans.

Sans doute, le fanatisme occidental n'était que trop disposé à accepter cette monstrueuse perversion de la vérité et à la faire servir de base à une nouvelle croisade. Sans doute, la question arménienne devait servir tôt ou tard, d'occasion aux gouvernements hostiles à la Turquie, de pêcher en eau trouble. Il n'en est pas moins vrai, qu'en ne réagissant pas pendant de longues années contre la propagande des comités et en n'intervenant plus tard que spasmodiquement et le plus souvent maladroitement, la Sublime-Porte n'a pas peu contribué elle-même, à la perpétuation d'une légende qui a fini par ameuter contre l'Empire ottoman l'Europe et l'Amérique et à réunir l'Angleterre, la France et la Russie dans une action commune contre lui. Le fait est patent : La Turquie s'est montrée singulièrement impuissante à se faire rendre justice devant le tribunal de l'opinion publique. Résultat de la nonchalance, de l'inexpérience ou d'une parcimonie mal comprise; elle s'est laissée condamner même dans les causes où le droit était manifestement de son côté.

Telle était la féroce résolution que les comités, surtout le Dachnak, apportaient à leur œuvre subversive, qu'ils ne se faisaient pas scrupule d'assassiner les membres aisés de leur race qui refusaient d'y contribuer financièrement ou ceux qui, doués d'un jugement plus sain ou de la mémoire de la reconnaissance, osaient la désapprouver [1]). Ce système de terrorisme fut bientôt étendu aux campagnes [2]). Il y a plus: Les *Comitadjis* se mirent à tuer par-ci, par-là des congénères choisis au hasard, en créant des mises en scène de nature à faire attribuer ces crimes à leur trop endurants compatriotes musulmans. Ce procédé devait servir à entraîner dans le mouvement ceux de leur race qui étaient restés réfractaires à la persuasion et à l'intimidation.

MASSACRES DE 1895 A 1896

Malgré tout, la population musulmane ne ripostait pas. Privée de toute protection à l'étranger où on ne s'intéressait qu'aux chrétiens de l'Empire, le

[1]) C'est ainsi que le prêtre Hampré, les avocats Hatchik et Seboub, le négociant Apik Oundjian et le notable Dicran Karageuzian furent assassinés en plein jour à Constantinople. Beaucoup d'autres Arméniens restés froids ou hostiles aux appels des comités, subirent le même sort en province, aussi bien qu'en Amérique où il y a de riches colonies arméniennes (voir à ce sujet les rapports des M. Cambon, Ambassadeur de France à Constantinople en date des 27 Mars et 3 Juin 1894. *Livre Jaune*, années 1893-1897).

[2]) Voir annexe n° 4 (Rapport du Consul de Russie à Bitlis).

régime hamidien l'avait plongée dans un état d'insensibilité voisine de l'abrutissement. La réponse vint d'un autre côté. Exaspéré par l'audace des comités qui le blessaient dans son amour-propre de despote et voulant en finir une fois pour toutes avec leurs menées, Abdul-Hamid décida de réagir à leurs provocations tendant à faire couler le sang arménien et cela dans une mesure qui les terrifierait eux-mêmes et leur prouverait en même temps que, si loin qu'on pût aller dans cette voie, l'Europe désunie n'interviendrait que platoniquement. La Russie, qui voyait dans l'exécution de ce projet le complément à l'égard de la race arménienne de la politique de dénationalisation et d'anéantissement qu'elle poursuivait contre elle dans son propre territoire et un moyen de discréditer la Turquie, engageait d'une part les Arméniens à redoubler de violence et encourageait, d'autre part, le Reclus de Yildiz à frapper le plus fort qu'il pût [1]. Voilà l'explication des massacres de 1895-1896.

La responsabilité de cette tragédie se partage entre les comités soutenus par l'Angleterre et la France [2], la Russie jouant le double jeu que nous venons de décrire et Abdul-Hamid. Le peuple turc n'y était pour rien, ni en intention, ni en fait. Son

[1]) L'attitude de la Russie à l'égard de la race arménienne a été pleine de contradictions et de duplicité. Pendant longtemps persécutrice des Arméniens vivant chez elle, elle s'érigea en protectrice ostensible de ceux habitant la Turquie. La fausseté de ce rôle éclata après la guerre turco-russe, ainsi qu'on vient de voir. Cette politique tortueuse continua jusqu'en 1907. A partir de cette date à laquelle la Russie accorda un traitement plus libéral à ses Arméniens, la politique arménienne du Cabinet de St.-Pétersbourg se cristallisa dans le sens d'un appui réel quoique intéressé, accordé aux revendications de la section ottomane de la race.

[2]) Voir renvoi à la page 14.

vrai sentiment se manifesta dans l'attitude de centaines de musulmans qui, à Constantinople et en province, sauvèrent au péril de leur vie celle de beaucoup d'Arméniens paisibles, assaillis par les myrmidons de Yildiz ou leur donnèrent asile, en bravant la vengeance du Tyran. Du reste, pour une fois juste envers la Turquie, l'Occident l'exempta de sa réprobation. Celle-ci alla à Abdul-Hamid, devenu le «Sultan Rouge», et même en partie aux comités, manifestation étonnante de discernement dans l'attribution des responsabilités dans les affaires de Turquie, qui malheureusement, ne devait plus se reproduire au cours du drame turco-arménien.

Le funeste résultat de la tactique des comités qui n'avaient que trop bien réussi à faire inonder le sol turc de sang arménien, sans que, ainsi qu'Abdul-Hamid l'avait prévu, l'action de l'Europe eût dépassé le cadre de protestations plus ou moins indignées, donna à réfléchir aux énergumènes composant ces associations, d'autant plus qu'ils se trouvèrent sous le coup des malédictions du peuple arménien, qui s'était vu sacrifié par eux à la colère de Yildiz, sans aucun profit pour la race. Ils renoncèrent pour le moment à leur système d'attentats contre leurs compatriotes musulmans et de rébellion contre les autorités impériales. Concentrant la plus grande somme de leur activité sur la personne d'Abdul-Hamid, ils redoublèrent d'acharnement dans leur campagne contre lui à l'étranger et ourdirent même quelques complots contre sa vie, dont l'un faillit réussir. C'était le fameux attentat à la bombe de Yildiz, où il échappa à la mort comme par miracle.

Les comités jeunes-turcs croyant voir dans ce changement de plan des comités arméniens un terrain possible d'entente avec eux, leur firent des ouvertures en vue d'une action commune contre le régime hamidien. Les prétentions exorbitantes par lesquelles il fut répondu à cette initiative, la firent échouer. Les choses traînèrent ainsi jusqu'à la révolution de 1908, dont l'honneur revient exclusivement au comité *Union et Progrès.*

Dans la joie délirante que Turcs et Arméniens éprouvèrent en commun d'avoir échappé à la cruelle omnipotence de Yildiz, ils se jetèrent dans les bras les uns des autres. On trouve dans cette fraternisation la meilleure preuve que les premiers faisaient une distinction entre les comités et le peuple arménien resté fidèle dans la masse et que, de son côté, celui-ci se refusait à imputer à la race dominante, la responsabilité du sang arménien injustement versé au cours de l'aveugle répression de 1895 à 1896 [1]).

ATTITUDE DES ARMÉNIENS APRÈS LA RÉVOLUTION DE 1908

La date historique du 23 juillet 1908 marque la fin de la deuxième et le commencement de la troisième phase de la question turco-arménienne.

C'est au parti *Union et Progrès*, qu'échut tout naturellement le pouvoir dans la Turquie constitutionnelle qui lui devait d'avoir acquis ce caractère. La tâche que ce groupe représentant l'élément fondateur de l'Empire s'était tracée, n'avait rien que de très légitime. Elle consistait à rétablir l'indépendance du pays vis-à-vis de l'Europe et à réunir

[1]) De fait, presque tous les meneurs dans les événements qui provoquèrent cette répression purent s'échapper, grâce à la protection de la Russie et de la France. Les innocents payèrent pour eux.

toutes les races vivant sur le territoire ottoman, en un groupe animé par une même conception nationale : Celle de la perpétuation de la Turquie sous les espèces d'un Etat réformé et progressiste. Il est évident qu'*Union et Progrès* devait réussir plus facilement dans cette entreprise ardue, s'il pouvait trouver un appui auprès d'un des éléments chrétiens de l'Empire. C'est chez les Arméniens qu'il pensa le trouver.

Il existe une grande affinité entre ce peuple et les Turcs, tous deux asiatiques d'origine, d'esprit et de mœurs. Pendant plusieurs siècles, ils avaient vécu étroitement mêlés les uns aux autres en termes d'excellent concitoyennage. Sans doute, l'intrigue étrangère avait apporté un grand trouble dans ces rapports, en créant au sein du premier un mouvement contre la domination du second. Mais ainsi qu'il a été expliqué plus haut, ce mouvement quoique très violent, n'était que le fait d'une infime minorité composée de visionnaires, d'exaltés et d'aventuriers.

La majorité des Arméniens éclairés, conscients du caractère artificiel et politiquement immoral de l'action séparatiste des comités, les classes commerçantes et industrielles qu'elle menaçait dans leurs intérêts matériels et la masse des travailleurs qui avaient su se faire une situation prospère en dépit des lacunes de l'administration impériale, lui étaient opposés.

Cette minorité même ne pouvait-on la désarmer ? Cela était du reste indispensable, parce qu'elle englobait dans ses cadres presque tout l'arménisme organisé et que la propagande à laquelle elle se livrait, pour n'avoir eu qu'un succès limité jusqu'alors, n'en représentait pas moins un gros danger. A côté de beaucoup de brebis galeuses, elle comprenait nombre de gens désintéressés qu'il s'agissait de guérir d'une chimère et de gagner, en leur prouvant que les intérêts majeurs de la race arménienne si bien sauvegardés jusqu'alors dans le cadre de l'Empire ottoman, où le régime constitutionnel venait de leur apporter de nouvelles garanties, ne pouvaient trouver un meilleur terrain de développement dans la séparation. Bien au contraire, cette séparation constituerait un rempart beaucoup plus faible contre la menace russe — qu'au demeurant, le seul grief réel des Arméniens, le mauvais fonctionnement de l'administration impériale —, était destiné à disparaître grâce au changement radical survenu dans la situation politique du pays.

Faisant valoir toutes ces considérations, *Union et Progrès* fit des ouvertures au *Dachnak*, le plus honorablement recruté de tous les comités arméniens et celui dont l'organisation offrait le plus de solidité, par conséquent le plus de chances de collaboration fructueuse dans une entreprise ayant pour but la consolidation intérieure de l'Empire, par la subordination des intérêts particuliers des différentes races vivant sur son sol, à ceux de la patrie commune. D'après ce programme, elles gardaient chacune leur valeur personnelle, étant seulement réduites à un dénominateur commun : l'ottomanisme. Les Arméniens pouvaient d'autant plus facilement se soumettre à cette conception de l'Etat, que leurs intérêts supérieurs se confondant avec ceux des Turcs, ils n'avaient aucun sacrifice à faire en l'adoptant.

Il y avait dans cet appel une très large formule d'entente.

Les Dachnakistes y répondirent. Une alliance fut conclue entre leur groupe et *Union et Progrès*, où celui-ci fit preuve du plus large esprit d'accommodement. C'est ainsi qu'il accorda aux Arméniens un nombre de sièges dans la Chambre des Députés et au Sénat, supérieur à leur importance numérique. Il permit en même temps à leurs comités révolutionnaires, en tête desquels se trouvait le Dachnak lui-même, de survivre à l'effondrement du despotisme hamidien, et, chose particulièrement à noter, de maintenir leurs ramifications à l'étranger. Il alla plus loin. Donnant une interprétation forcée à la loi d'amnistie pour crimes et délits politiques, il autorisa la rentrée dans le pays, non seulement des Arméniens ottomans même les plus compromis sous l'ancien régime, y compris ceux qui avaient les plus horribles forfaits de droit commun sur la conscience, mais des révolutionnaires arméniens de Russie, qui avaient eu la plus néfaste influence sur leurs congénères locaux, en les poussant dans la voie de la propagande par le fait.

Malheureusement, autant *Union et Progrès* était sincère dans ses intentions, autant le Dachnak était animé de duplicité. Secrètement cramponné à son idéal contrefait d'autonomie, il était décidé à en poursuivre la réalisation, en mettant à profit les facilités que lui offrait le nouveau régime. Jetant le masque presqu'au lendemain de son entente avec *Union et Progrès*, il entra aussitôt en campagne. Toutes les autres organisations arméniennes grisées par le vin de la liberté suivirent la même voie. C'était surtout le cas du *Hintchak*, mortifié de ce que le Dachnak lui avait été préféré par *Union et Progrès* et qui de ce fait, devint aussi extrémiste que son rival[1]). C'est ainsi que, rivalisant de zèle,

---

[1]) Une violente hostilité s'était établie entre ces deux organisations presqu'au lendemain de leur formation, chacune aspirant

les Dachnakistes et les Hintchakistes, les autorités ecclésiastiques et scolaires de la communauté et de nombreuses associations nouvelles, fondées soi-disant dans un but de bienfaisance ou de culture, se précipitèrent allègrement dans une campagne destinée à généraliser le mouvement révolutionnaire arménien. Cette action prit la forme d'une véritable débauche politique, qui constitue un des phénomènes les plus étonnants du nouveau régime.

Qu'on y songe : abusant des libertés acquises par le pays et qui étaient venues s'ajouter à celles dont ils jouissaient déjà comme communauté autonome, constituant un véritable Etat dans l'Etat [1]) et attribuant à la faiblesse les concessions d'*Union et Progrès*, au lieu d'y voir ce qu'elles étaient en réalité, les effets d'une confiance déplacée et peut-être de quelque entraînement du moment, Dachnakistes et Hintchakistes, prêtres et maîtres d'école, écrivains et artistes, se livrèrent à une propagande effrénée dont l'audace n'était égalée que par la tolérance des nouvelles autorités impériales. La presse, l'église, le théâtre, l'école leur servirent ouvertement, effrontément d'instruments pour endoctriner la masse. Pas un article de journal, pas une prédication, pas une représentation dramatique, pas une conférence sur

---

à la prédominance dans l'esprit de leurs compatriotes. La question sordide d'argent y joua un grand rôle. L'entente ne se fit entre elles qu'après la guerre balkanique.

[1]) Le maintien de l'organisation des éléments non-musulmans de l'Empire en corps distincts jouissant de privilèges spéciaux, même après l'établissement de la Constitution, était une anomalie qui s'explique par le fait que leur suppression aurait provoqué un tolle général, non seulement dans l'Empire, mais en Occident. *Union et Progrès* ne se sentait pas assez fort pour toucher à ces institutions qui pourtant faussaient le fonctionnement du nouveau régime.

dix, dont le sujet ne fût l'Arménie indépendante, qu'il était du devoir sacré de la race de rétablir, en arrachant les provinces soi-disant arméniennes à la domination du « Turc sanguinaire et barbare ». On croit rêver en se reportant à cette époque. Le seul tort du régime jeune-turc envers les Arméniens, est de les avoir encouragés dans leurs menées par son attitude débonnaire. Lorsque, se réveillant enfin de son étrange nonchalance — ce qui n'arriva qu'à la veille de la guerre actuelle —, il chercha à réagir, il était déjà trop tard. L'action des dirigeants arméniens avait abouti à la fusion de la grande majorité de leurs congénères en un groupe compact, unanimement décidé à profiter de la première conjoncture de circonstances favorables, pour établir au profit de la race une Arménie tout au moins autonome dans les provinces de l'Anatolie orientale qu'obstinément elle réclamait comme siennes, malgré les démentis de la statistique et de l'histoire. En cela les Arméniens étaient soutenus par la Russie, l'Angleterre et la France, formellement alliées depuis la révolution de 1908 dans une politique commune d'hostilité envers l'Empire.

CONFLIT D'ADANA

La contre-révolution du 12 avril 1909, quoique survenant avant que cette propagande eût produit tous les effets désirés, parut aux comités une occasion favorable pour la réalisation de leurs projets. Profitant de l'absence momentanée de tout gouvernement dans l'Empire et pensant que sa dernière heure avait sonné dans la terrible crise qu'il traversait, ils décidèrent de provoquer un conflit entre musulmans et Arméniens dans la ville d'Adana et ses environs. A cet effet, ils mirent tout en œuvre pour ameuter les deux éléments l'un contre l'autre. Les églises retentirent de prédications incendiaires [1]), les théâtres de chansons révolutionnaires; les murs de la ville furent couverts de placards contenant des insultes grossières et des menaces à l'adresse de l'élément dominant; les maisons des musulmans furent marquées de croix, comme pour faire présager l'avènement d'un triomphe chrétien; des attentats perpétrés contre les musulmans ensanglantèrent les campagnes environnantes; finalement des armes furent distribuées aux Arméniens avec lesquelles ils pratiquaient journellement l'exercice militaire.

Dans la lutte que les agitateurs savaient devoir résulter de ces manœuvres, les comités espéraient que les Arméniens assez nombreux dans ces parages et pourvus d'un armement formidable pourraient résister jusqu'à l'arrivée des troupes étrangères, dont l'envoi sur les lieux devait être suggéré aux Puissances par la proximité du port de Mersine, relié à Adana par chemin de fer [2]). Cette manifestation pratique de sympathie européenne devait servir de signal à la propagation du mouvement dans la direction de l'Anatolie orientale, d'où un bouleversement dans la partie asiatique de l'Empire qui, en venant s'ajouter à celui qui le secouait dans sa partie européenne, devait en hâter l'écroulement. Une Arménie autonome, peut-être même indépendante, surgirait de ses ruines.

[1]) Détail éloquent: un prêtre du nom de Faulian fit brûler de la poudre à fusil dans les encensoirs, au cours d'un service divin qu'il célébra à cette époque.

[2]) De fait, des navires de guerre étrangers vinrent s'embosser dans la rade de Mersine. Mais il n'y eut pas de débarquement, la tragédie ayant cessé à leur arrivée.

On sait combien les comités se trompèrent une fois encore dans leurs calculs.

Que l'explosion se soit produite à la suite d'un attentat arménien ou musulman dans la ville même d'Adana, peu importe. L'essentiel est qu'elle avait été voulue et préparée par les comités. Nous ne voulons citer à l'appui de cette affirmation que le rapport adressé à son gouvernement par le Major Doughty-Wily, alors Consul-Général d'Angleterre à Adana, dans lequel il attribue les événements tragiques qui se déroulèrent en Cilicie, à l'attitude insolemment provocatrice des Arméniens et n'accuse les autorités locales que dans la mesure où elles n'intervinrent pas *manu militari* — c'est son expression — pour prévenir le coup qu'ils méditaient ouvertement [1]. Voilà un témoignage qu'on ne saurait assurément taxer de suspect. Il fait justice de l'opinion trop facilement accréditée en Occident, sur la foi des dépositions d'Arméniens évidemment intéressés à dénaturer les faits et de résidents européens dont un faux esprit de solidarité chrétienne avait affecté l'impartialité ou obscurci le jugement, que la tragédie d'Adana était le résultat d'un complot musulman.

---

[1]) Deux copies de ce rapport remis par le Major Doughty-Wily lui-même à un des membres de la Commission d'enquête expédiée à Adana par la Sublime-Porte se trouvaient entre les mains des autorités turques. L'une, dont la page la plus compromettante pour les Arméniens avait été arrachée par la main d'un des leurs, périt dans l'incendie du Palais de Tchéragan. L'autre, qui était venue remplacer la première, disparut on ne sait comment. Que nous sachions, cette pièce n'a pas été publiée par le gouvernement britannique qui pourtant s'est empressé de faire figurer dans ses Blue-books relatifs à la question arménienne, tous les rapports de ses agents défavorables à la Turquie. Pourquoi cette abstention ?

Cette fois, c'est la population musulmane qui réagit aux provocations arméniennes. Les Turcs s'étaient enfin réveillés de la torpeur où nous les avons vus plongés par trente-trois ans de tyrannie. Si, dans l'exercice de leur ressentiment ils se portèrent par-ci et par-là aux dernières extrémités, c'est que — et il y a là une réelle excuse à leur conduite — le nouveau chemin choisi par les Arméniens pour arriver à leur but devait passer par le corps inanimé de la Turquie dont ils pensaient hâter la mort, escomptée quelque peu prématurément, en lui portant un coup dans le dos. C'est autrement dit que, faisant partie de l'humanité, ils ne diffèrent pas des autres peuples, quand le sentiment de conservation nationale se trouve exaspéré chez eux. Oui. On peut malheureusement relever à leur charge des actes déplorables. Trop souvent, ils confondirent les non-combattants avec les combattants et les innocents avec les coupables en relevant le défi qui leur avait été adressé. Tout cela est vrai. Mais désigner la Turquie à une réprobation spéciale du fait des excès commis dans un débordement de passion naturelle et qui, du reste, ne prirent jamais le caractère de massacre général qu'on leur a donné [1]), c'est de la part de l'Occident un acte d'une injustice révoltante. dont il est malheureusement coutumier quand il s'agit de l'Empire ottoman. Qu'ils songent donc à leurs «jacqueries», à leurs «com-

[1]) Il y a une différence essentielle entre ce qui se passa en 1895-96 et la tragédie d'Adana. La réaction d'Abdul Hamid se produisit froidement aux dépens d'Arméniens sans défense rencontrés au hasard. Celle des musulmans de Cilicie était une riposte immédiate et directe à la provocation d'Arméniens aussi bien armés qu'eux. Là, il y a effectivement eu massacre. Ici, il y a eu lutte, bataille entre les deux éléments. Les excès qui l'accompagnèrent furent réciproques.

munes », à leurs « pogroms » ; qu'ils songent surtout aux abominations de la Révolution Française où deux partis de la même race se trouvaient aux prises, alors que le conflit entre Turcs et Arméniens s'aggrave de la diversité de leurs origines, et qu'ils se taisent les Occidentaux trop nombreux qui trouvent dans la réaction d'Adana une occasion de mettre la Turquie à l'index. Qu'ils se taisent enfin, car la sévère Histoire est là pour les confondre, comme quand ils l'accusent d'intolérance religieuse !

Nous avons vu combien *Union et Progrès* tenait à associer les Arméniens à sa politique de relèvement de l'Empire. Aussi, l'épisode sanglant d'Adana plongea-t-il la Sublime-Porte dans la consternation. Privée de toute autorité par suite du mouvement réactionnaire qui avait éclaté dans la Capitale, elle ne put intervenir efficacement pour arrêter l'effusion du sang. Toutefois, au rétablissement de son pouvoir quelques jours plus tard, *Union et Progrès* donna la mesure de son courage civique et du prix qu'il attachait à sa réputation et à son alliance avec le Dachnak, en envoyant sur les lieux une commission d'enquête dont les conclusions défavorables à plusieurs musulmans, convaincus d'avoir donné l'exemple de la tuerie, furent suivies de la pendaison de ceux-ci sans que des Arméniens coupables au même titre eussent subi aucun châtiment. C'était aller trop loin dans la voie des sacrifices, car de cette façon, *Union et Progrès* non seulement compromettait sa popularité auprès des musulmans de l'Empire indignés de cette condescendance, mais il avait l'air de donner raison aux Arméniens d'Adana. Le souci de paraître juste aux yeux de l'Occident et des sujets chrétiens de l'Empire, l'avait rendu parfaitement injuste envers l'élément turc. Toutefois, cette attitude était compréhensible de la part d'un groupe représentant la Turquie constitutionnelle nouvellement arrivée à l'existence: tout plutôt que de laisser se perpétuer la légende obstinée que dans ses rapports avec ses sujets chrétiens la Sublime-Porte méconnaissait le droit et la loi.

EXTENSION DU PROGRAMME DES COMITÉS.

Le système des attentats isolés et des soulèvements partiels avait définitivement fait faillite. Sans renoncer à ces opérations mineures qui devaient servir à entretenir la main de ses agents, le Dachnak se donna pour tâche de convertir le peuple arménien à l'idée d'une insurrection générale qui devait lui procurer de haute lutte avec le concours de la Russie, sans doute disposée à le lui accorder, l'autonomie que sa tactique précédente n'avait pas réussi à lui faire obtenir. Dès ce moment, il travailla avec son énergie habituelle à faire entrer dans son organisation tous les Arméniens en état de porter les armes, à leur donner une instruction et une discipline militaire et à multiplier les dépôts de matériel de guerre, de façon à ce que le moindre village arménien en eût un à sa disposition.

C'est un fait à noter que, même à cette époque avancée de l'activité des comités, la masse arménienne, sauf peut-être celle qui habitait les villes, ne demandait qu'à vivre en paix avec les autorités dont l'administration imparfaite, mais bénigne, lui avait permis de se faire une situation aisée et souvent même prospère. La persuasion ne produisant pas plus d'effet que par le passé, le Dachnak eut de nouveau recours au terrorisme. A ses anciens moyens, il ajouta une série de nouveaux qu'il y a lieu de spécifier. Les chefs se mirent eux-mêmes à parcourir les villages arméniens en présentant aux habitants une liste de demandes dont la première était de se faire inscrire sur les rôles des comités et d'acquitter les nombreuses taxes que la qualité de membre comportait, «taxe de comité», «taxe d'école», «taxe d'armes», «taxe de garde», etc., et la seconde de se rendre acquéreurs, argent comptant, des armes dont la distribution se faisait séance tenante. L'opposition était punie d'une série de peines graduées, commençant par l'expulsion du village, passant par la privation du droit de mariage, d'héritage et d'élection et finissant par la bastonnade et la mort. C'est surtout en appliquant aux réfractaires les peines de déchéance civile et religieuse, que le comité était en mesure d'employer, grâce à l'abdication des autorités ecclésiastiques entre ses mains, qu'il en arrivait à ses fins. Comment le malheureux peuple arménien pouvait-il résister à cette procédure tyrannique? Le recours aux autorités étant défini par le Comité comme un des crimes les plus graves contre la «nation» et punissable de mort, il se trouvait absolument à la merci du Dachnak. C'est ainsi que les plus hostiles ou indifférents à son entreprise furent obligés d'en passer par ses exigences. D'autre part, s'étant une fois compromis par leur enrôlement dans son organisation et par la commission de quelque acte criminel qui devait tôt ou tard leur être dicté par les chefs, les nouvelles recrues malgré elles, devenaient bientôt d'aussi fanatiques adversaires de l'Etat que leurs devanciers par conviction. Si on songe que le Hintchak travaillait, de son côté, avec la plus grande ardeur pour gagner des adhérents, on ne sera pas étonné d'apprendre qu'à la veille de la grande guerre, presque tout le peuple arménien se trouvait aligné contre l'Empire. Comme preuve de ce que nous avançons, nous citerons le fait que, rien que dans le Vilayet de Bitlis, le Dachnak seul comptait 170,000 membres [1]).

La seconde partie du nouveau programme du Dachnak, la formation de bandes militairement instruites et disciplinées, était facilitée par la loi promulguée avant la guerre balkanique et astreignant les non-musulmans au service militaire au même titre que les musulmans.

Quant à la troisième partie, l'acquisition d'armes en nombre suffisant pour une insurrection générale, cette opération était favorisée par les conditions géographiques et administratives du pays et par les Capitulations qui accordaient aux Consulats étrangers la franchise douanière. La Turquie est un pays à population clairsemée, de configuration surtout montagneuse, avec un très large développement de côtes. Empêchée par la pénurie du trésor d'employer un personnel suffisant pour faire fonctionner la machine de l'Etat avec l'efficacité voulue, elle se trouvait en butte à nombre d'entreprises illicites, dont la contrebande, qu'il lui était très difficile de réprimer. Grâce à cette situation, grâce aussi à la collaboration des Consulats de Russie, de France et d'Angleterre qui abusèrent de leurs privilèges pour faire une contrebande active au profit des Comités — exemple d'indécence et d'absence de scrupules dont la Turquie pourrait citer bien d'autres de la part

[1]) Voir Annexe n° 3, Série I (Rapport du Consul de Russie à Bitlis).

des agents officiels des Puissances résidant chez elle jusqu'à la guerre — une quantité incroyable de fusils de guerre, de pistolets à répétition, de bombes, de dynamite et d'autre matériel de guerre remplit les dépôts secrets du Comité [1]). Les villes de Césarée, Erzéroum, Van, Bitlis, Guévérek, Trébizonde et Samsoun en Anatolie orientale; celles d'Adana, Marache, Aintab et Halep en Cilicie; enfin celles de Brousse, d'Ismidt et d'Ada-Pazary plus près de la région constantinopolitaine et la capitale elle-même, furent choisis comme centres de distribution.

Parmi les endroits qui servaient à recéler les engins de destruction importés du dehors ou fabriqués par les Arméniens dans le pays même, il y a lieu de mentionner tout spécialement les églises, les monastères et les cimetières arméniens où les autorités ne pouvaient se livrer à des perquisitions, sans qu'aussitôt le Patriarcat ne criât à la profanation et que l'Occident n'accusât la Turquie en chœur de persécution religieuse. On voit par là, combien il était difficile à la Sublime-Porte d'enrayer le mouvement. Ce n'est qu'après l'explosion de la guerre actuelle, qu'ayant enfin recouvré son indépendance effective par un acte de virilité qui avait trop tardé à se produire, le gouvernement put opposer en toute liberté à l'action des comités, celle de la police et des autres autorités. C'est alors seulement, qu'il put se rendre un compte exact de l'extension qu'avait prise l'activité des comités. Il ne restait plus qu'un moyen d'y parer: c'était de frapper et de frapper fort.

Qu'il s'agisse de la question arménienne, de la question macédonienne ou de la question albanaise

---

[1]) Voir Annexe n° 3, Série I (Rapport du Consul de Russie à Bitlis).

— le fait est patent — ce sont les intrigues extérieures et la tyrannie exercée par la plupart des Grandes Puissances sur la Turquie qui leur ont donné naissance et qui, en les alimentant et en les envenimant, les ont perpétuées. Faire obstacle à la réforme administrative que la Sublime-Porte s'évertuait à introduire dans le pays; profiter du mécontentement grandissant que le retard ainsi apporté à l'accomplissement de cette œuvre provoquait parmi les populations chrétiennes de l'Empire pour les pousser à la révolte et au séparatisme; abuser des Capitulations pour paralyser l'action préventive ou répressive des autorités; se livrer à toutes ces manœuvres déloyales et ensuite dénoncer le peuple turc comme incapable de gouverner: toute la politique inique et férocement égoïste de l'Europe presque entière à l'égard de la Turquie, tient dans cette phrase.

Sans doute, la Sublime-Porte a bien des torts à se reprocher, mais ses principales fautes dans le passé ont été sa pusillanimité à l'égard de l'Europe dominatrice et sa coupable faiblesse envers les éléments chrétiens de l'Empire à qui elle permit d'abuser des privilèges qu'elle leur avait accordés dans une forme si libérale, pour cultiver la haine de sa domination et la trahison ouvertement, presque avec ostentation.

La Turquie nominalement indépendante, était privée du droit d'exercer son autorité dans son propre territoire au point qu'elle ne pouvait imposer le droit de patente aux étrangers, ou fixer les droits de douane en accord avec les besoins du pays; qu'elle ne pouvait construire un chemin de fer, ou un port ou même un quai, s'il ne convenait pas à une Grande Puissance quelconque qu'elle le fît, ces restrictions apportées à sa liberté d'action étant en grande partie la cause de la stagnation économique dans laquelle le pays croupissait; qu'elle ne pouvait ni librement arrêter, ni emprisonner, ni juger un criminel étranger, ce qui était une source des plus scandaleux abus et de fréquents dénis de justice; qu'elle ne pouvait même agir avec ses propres sujets d'après les lois de l'Empire, ce qui était une cause de graves désordres internes. Elle ne pouvait user d'aucun de ses droits, ni de beaucoup d'autres encore qui constituent l'essence de l'indépendance nationale et la base principale du progrès. Elle ne pouvait que tout juste vivre et baisser la tête, sous les insultes que ses oppresseurs lui prodiguaient.

Quant à son attitude apathique en présence du fonctionnement des institutions nationales des communautés chrétiennes et des effets de cette insouciance sur la conduite de celles-ci, nous citerons de nouveau le Général Mayewsky, dont les observations sont très édifiantes à ce sujet: «La responsabilité des insurrections éclatant de temps à autre «en Orient, a été toujours rejetée sur les Turcs et «en partie sur le gouvernement ottoman... La «vérité en la matière est, toutefois, que ces révoltes «ne procèdent pas d'actes d'oppression quelconques «de la part des Turcs, mais de l'attitude trop libé«rale de la Sublime-Porte en matière de religion et «de nationalité.

«Les Turcs ne se sont jamais mêlés des af«faires de ce genre des peuples soumis à leur domi«nation. Les écoles et églises chrétiennes n'ont «jamais eu à subir aucun contrôle. Ce système de «gouvernement a donné lieu à un développement «excessif des sentiments religieux et nationaux des «communautés non musulmanes.

«L'idée de fomenter des troubles à tout prix «en vue de provoquer l'intervention de l'Europe ne «quitte jamais l'esprit des chrétiens de Turquie. Et «c'est bien naturel, l'exemple des Grecs, des Rou«mains, des Serbes et des Bulgares libérés étant là «pour en garantir l'efficacité...»

Il y a bien des détails à introduire dans le tableau tracé par le Général Mayewsky : ainsi la Sublime-Porte tolérait l'enseignement de la géographie et de l'histoire dans les écoles des communautés, exclusivement au point de vue de leurs aspirations nationales, les commentaires des professeurs n'étant que le développement d'une thèse nationaliste. Elle permettait la substitution au portrait du Sultan de celui du souverain régnant de Grèce dans les établissements nationaux des Grecs, de celui du Tsar dans ceux des Bulgares et de quelque héros de *Hayazdan* (Arménie) dans ceux des Arméniens. Elle ne trouvait rien à redire à l'omission du nom du Sultan dans les prières publiques en faveur de celui des Souverains patronnant les causes respectives des différentes communautés. En un mot, elle assistait placide, distraite au progrès que faisait l'esprit de révolte dans les communautés non musulmanes, à la faveur des franchises qui leur avaient été si généreusement octroyées.

Si, faisant preuve de plus de résolution envers l'Europe, elle avait recouvré seulement trente ans plus tôt son indépendance sottement aliénée — c'est le mot — et si, usant de la fermeté voulue dans son traitement des nationalités se trouvant sous sa domination, elle les avait maintenues dans la soumission pour autant et pour aussi longtemps que c'était possible, elle aurait pu fournir aujourd'hui l'exemple d'un pays, peut-être malgré tout mutilé, mais réformé et prospère. Dire que le peuple turc est incapable de gouverner, alors que ses premières institutions ont parfaitement répondu pendant plusieurs siècles aux besoins du vaste et hétérogène Empire qu'il avait créé, est un jugement que l'histoire se charge de réfuter. S'il n'a pas modifié ces institutions dans la mesure et dans la forme exigées par les progrès de la civilisation et le réveil des races conquises qu'il avait eu la générosité de ne pas s'assimiler, c'est parce qu'il était victime d'une véritable conspiration dirigée contre son développement. La Turquie qui a remarquablement bien gouverné au début de sa carrière, saura en faire autant et plus dans l'avenir, grâce à la reconquête de ses droits nationaux. Ce n'est pas un pays tombé en décadence. C'est un organisme qui s'est trouvé arrêté dans sa croissance avant d'arriver à maturité. L'extraordinaire vitalité dont il a fait preuve dans toutes les crises qui l'ont assailli et surtout, au cours de la conflagration actuelle qui l'a surpris au lendemain de deux autres guerres désastreuses, montre que sous des apparences de débilité, il recèle dans son sein un inépuisable fonds de santé et que dorénavant, il est destiné à poursuivre son existence dans un sens franchement ascensionnel. On ne pourrait en avoir une indication plus claire que celle qu'on trouve dans les très remarquables réformes judiciaires, administratives et sociales qu'elle a réussi à introduire dans son économie nationale durant les trois dernières années, c'est-à-dire depuis la récupération de son indépendance extérieure et de son autorité intérieure. Grâce à ce changement dans les conditions de son existence, les progrès accomplis dans l'espace de trois ans chargés des préoccupations d'une guerre terrible, sont plus nombreux et surtout plus radicaux que ceux qu'elle a eu à enregistrer pendant cent ans de soumission à l'Europe et de faiblesse envers les éléments déloyaux de l'Empire.

S'attarder aux scandales qui se sont produits dans le traitement de certains problèmes administratifs soulevés par la guerre et à certaines manifestations de désordre et de confusion qui déparent le tableau d'ensemble offert par la Turquie au cours de la terrible crise qu'elle traverse et chercher à en conclure que le peuple turc est pourri jusqu'à la moëlle, qu'il est incapable de se resaisir, qu'en un mot, il est condamné, c'est oublier le fait dominant de la situation, qui est que ce peuple a fait face aux exigences de la guerre elle-même, déployant dans la poursuite de cette tâche prodigieuse un esprit d'héroïsme et de sacrifice dont aucune autre nation n'a donné des preuves plus élevées. Pour le reste, il y a lieu de prendre en considération que la profonde secousse éprouvée par l'édifice national devait nécessairement faire détacher de toutes ses surfaces une certaine quantité de matières pourries, que la nation n'a pas eu le temps matériel d'éliminer de sa composition le poison qu'Abdul-Hamid lui avait si soigneusement innoculé et que le chapitre de la révolution de 1908 n'est pas encore clos, ce qui revient à dire que tout est encore dans une période de transition, de flottement. Dans ces conditions, les fautes qu'il y a à déplorer dans la conduite de la Turquie au cours de cette guerre, mais qui certes ne sont pas plus graves que celles qu'on constate dans d'autres pays belligérants, n'ont d'autre signification que celle de phénomènes transitoires, dérivant de causes accidentelles et destinées à disparaître au retour de la paix. Ce n'est le cas ni de jubiler, comme font les ennemis de la Turquie, ni de se lamenter, comme font certains observateurs superficiels dans le pays même.

ATTITUDE DU «DACHNAK» AU COURS DE LA GUERRE BALKANIQUE

Le cours défavorable pris par la guerre balkanique parut offrir au Dachnak une occasion inespérée de mettre ses desseins à exécution.

En dehors des autres moyens qu'il était en train d'employer pour attacher la masse des paysans arméniens à sa politique, il leur donna à espérer maintenant qu'il pourrait amener la Russie à occuper l'Anatolie orientale et à distribuer parmi eux les terres des musulmans [1]). Cette perspective avidement accueillie eut un effet magique, la passion de la terre qui est une des caractéristiques du laboureur en général, ne faisant pas défaut au paysan arménien. C'était un coup de maître de la part du Dachnak. Ceux de la population rurale qui n'avaient pas encore adhéré à celui-ci, se rallièrent en foule à son drapeau. On pouvait dire, dès lors, que presque toute l'Arménie figurait sur ses rôles ou sur ceux du Hintchak.

Le Dachnak reprit ses opérations en ayant recours à sa forme d'action classique: la provocation de troubles surtout dans les villes, où les incidents de ce genre devaient naturellement avoir plus de retentissement à l'extérieur que ceux des

[1]) Voir annexe n° 5, Série I (Rapport du Consul de Russie à Bitlis).

campagnes. Ce plan échoua, grâce à la maîtrise de soi dont firent preuve les musulmans [1]).

Il aurait réussi, que la Russie n'aurait pas satisfait aux espérances du Dachnak. Ce n'est pas que cette Puissance, qui sans doute avait conclu un accord secret avec lui, fût aucunement hostile à une occupation par elle-même de l'Anatolie orientale. Tout au contraire. Elle avait même menacé le gouvernement ottoman de cette mesure, au cas où la population musulmane aurait donné le signe d'un mouvement contre les Arméniens. Mais les victoires des Bulgares auxquelles elle était loin de s'attendre, ayant mis en péril la capitale ottomane où elle voulait être la première à s'installer un jour pour ne plus en sortir, la détourna de ce projet. Les troupes russes ne franchirent pas la frontière.

Désappointés de ce côté, le Dachnak décida de se rattraper en mettant à profit la situation en Roumélie, où la Turquie était aux prises avec l'invasion. C'est ainsi qu'Andrinople, Rodosto, Malgara, Kéchan et d'autres localités devinrent le théâtre d'atrocités sans nom perpétrées par les Arméniens sur les musulmans, sous la direction du fameux brigand-patriote Antranik. Beaucoup des abominations attribuées aux Bulgares étaient l'œuvre de ses sinistres bandes. C'est ainsi encore que les Arméniens se mirent au service de l'ennemi comme espions et guides.

---

[1]) Voir annexe n° 3, Série I.

OPPOSITION DES COMITÉS ARMÉNIENS A L'OTTOMANISATION DE L'EMPIRE

Entre temps, le groupe parlementaire arménien formé d'éléments dachnakistes, hintchakistes et autres, lia partie avec le groupe grec pour faire obstacle aux efforts d'*Union et Progrès* tendant à reconstituer l'Empire sur une base vraiment ottomane. C'est ainsi qu'il fit opposition au désir légitime entre tous de la Sublime-Porte, de créer un sentiment national commun à toutes les races vivant sur le territoire turc, sans toutefois porter atteinte à leur individualité ethnique et culturelle.

Laissons encore la parole à M. Brown sur ce sujet important : « La question du service militaire «et d'autres concernant le droit de vote et le pré«tendu droit de représentation *nationale*, servirent «toutes à révéler les extraordinaires prétentions des «Patriarches grec et arménien, ainsi que des autres «chefs religieux, de représenter leurs « nations » dans «une entité politique. Un des principaux embarras «du nouveau régime constitutionnel en Turquie, a «été la répugnance qu'éprouvaient les différentes «communautés, particulièrement la grecque [1]), à su«bordonner leurs sentiments particuliers aux droits «plus élevés et plus étendus de la nationalité «ottomane.»

Dans un renvoi, le très impartial M. Brown ajoute la remarque suivante: « Les Jeunes-turcs com-

---

[1]) L'honorable auteur se trompe en faisant cette distinction. Les Arméniens se montrèrent plus coulants que les Grecs seulement dans la question du service militaire. La raison en était, du reste, qu'ils voyaient dans l'accomplissement de cette obligation un moyen de former des cadres instruits pour leurs bandes révolutionnaires.

«mirent peut-être une faute irréparable en traitant «les différentes communautés religieuses, comme si «elles constituaient des nations distinctes et en «n'établissant pas la représentation sur une base «strictement ottomane. Dans la correspondance et «les négociations engagées entre le Grand-Vizir «et le Patriarche grec, le premier avait tout l'air «de traiter avec l'ambassadeur d'une nation indé«pendante.»

C'est parce qu'*Union et Progrès* avait cherché à créer une patrie ottomane où tous les éléments se sentiraient unis dans un sentiment commun d'amour pour elle, sans pour cela être condamnés à renoncer aux particularités de leurs origines distinctes, que les Dachnakistes rompirent leur alliance avec lui. Voilà le grand crime des libérateurs de la Turquie envers les Arméniens! Voilà ce qui trois ans plus tard fit proclamer aux Hintchakistes dans un geste de désespoir joué, qu'eux aussi, devant la décision d'*Union et Progrès* de procéder malgré les promesses données à la suppression des privilèges nationaux des Arméniens sans lesquels leur race était destinée à disparaître, ils reprenaient leur liberté d'action et se réservaient de défendre leur existence par tels moyens qu'ils jugeraient convenables [1]).

Le livre de M. Brown est là avec cent autres témoignages, pour convaincre les Dachnakistes et les Hintchakistes d'imposture dans cette affaire, comme dans vingt autres. Et pourtant, ils réussirent

---

[1]) Voir annexe nº 7. Série I. — C'est le procès-verbal du congrès tenu par les Hintchakistes à Constantza en 1913. Cette pièce enregistre, entre autres, la décision de ce groupe de recourir à l'illégalité dans son action.

de nouveau à duper le public occidental, tant celui-ci est prêt à accepter, sans le moindre examen, tout ce qu'on lui dit de défavorable sur la Turquie. Il éprouverait trop de désillusion à être détrompé.

OPPOSITION DES COMITÉS AU PROJET DE RÉFORMES ADMINISTRATIVES ÉLABORE PAR LA SUBLIME-PORTE AU PROFIT SPÉCIAL DES PROVINCES DE L'ANATOLIE ORIENTALE

Malgré l'hostilité ouverte ou cachée que le parti *Union et Progrès* rencontrait à chaque pas dans ses rapports avec les comités arméniens, les désastres de la guerre balkanique lui inspirèrent la résolution de les désarmer coûte que coûte. Cela explique les concessions qu'il leur fit, ainsi qu'aux autres communautés et que M. Brown qualifie avec raison de fautes irréparables. Cela explique aussi l'élaboration par la Sublime-Porte d'un projet de réformes administratives au profit spécial des provinces de l'Anatolie orientale et sa résolution d'en confier l'application à des fonctionnaires empruntés à l'Angleterre.

Les étrangers de bonne foi se trouvant en contact avec les cercles officiels et privés de la Turquie, à l'époque où la Sublime-Porte avait décidé de liquider définitivement la question arménienne, en allant aussi loin dans la voie des concessions qu'il était compatible avec l'intégrité de l'Etat, devront reconnaître la sincérité et la chaleur du sentiment avec lequel la partie éclairée du peuple turc donna son adhésion à cette politique.

Toute cette bonne volonté ne servit à rien.

L'Angleterre, qui avait d'abord promis de donner suite à la demande instante de la Sublime-Porte de lui fournir un certain nombre de fonctionnaires pris dans ses cadres coloniaux et destinés à exercer un contrôle effectif sur le fonctionnement de la machine administrative dans les provinces dont il s'agit, se rétracta dans la suite. La fière Albion eut le triste courage de s'excuser, en invoquant l'opposition de la Russie à qui elle avait secrètement reconnu le droit de considérer l'Anatolie orientale comme faisant partie de sa sphère d'influence en Turquie.

De leur côté, les Arméniens se montrèrent d'autant plus intraitables qu'ils voyaient dans l'exécution du projet gouvernemental la mort de leurs espérances politiques. Repoussant dédaigneusement la combinaison de la Sublime-Porte, pourtant amplement suffisante pour assurer à l'Anatolie orientale la tranquillité et la prospérité à la faveur d'une administration réformée, les comités organisèrent un mouvement contre son adoption et en faveur de la substitution à sa place d'un autre projet rédigé par les Grandes Puissances, de façon à favoriser leurs revendications nationales et dont l'application devait se faire sous leur surveillance collective. Procédant exactement comme ils avaient fait en 1877, ils élirent une députation qui fit le tour des capitales de l'Europe centrale et occidentale, sous la présidence de Boghos Nubar Pacha, un riche congénère d'Egypte. Ils chargèrent le Catholicos de leur servir d'interprète auprès du gouvernement russe. Enfin, le Patriarche arménien de Constantinople, chef de la communauté ottomane, accepta la même mission auprès des Ambassadeurs à Constantinople. Marchant sur les traces de son prédécesseur Verzabédian, que nous avons vu s'aboucher criminellement avec le Grand-Duc Nicolas à San Stéfano, il entama officiellement, sous les yeux indignés de la Sublime-Porte, des pourparlers avec l'Ambassadeur de Russie auprès du Sultan [1]).

Affaiblie, discréditée par la guerre balkanique, la Turquie ne put échapper à cette nouvelle ingérence dans ses affaires intérieures. Après sept mois de négociations, elle se vit obligée d'accepter dans son essence le projet des Puissances et les conditions qu'elles avaient établies pour son application. Parmi celles-ci, la plus dure était celle qui la forçait à choisir les deux inspecteurs-généraux étrangers qu'on avait convenu de placer à la tête de l'administration de l'Anatolie orientale, dans une liste d'Européens dressée par les intervenants.

Ainsi, ce qui devait être une action volontaire de la Sublime-Porte, conçue dans un esprit de parfaite sincérité, était transformé en une obligation internationale apportant de nouvelles restrictions à son indépendance.

C'est aux Arméniens que la Turquie constitutionnelle était redevable de cette humiliation renouvelée de l'époque hamidienne et de la création en Anatolie orientale d'une situation destinée en apparence à apporter un remède à leurs griefs administratifs, mais qui devait servir en réalité de transition à l'installation définitive de la Russie dans cette contrée. C'était là le but de la France, de l'Angleterre et de la Russie, devenues l'Entente, en admettant comme valables les revendications arméniennes qu'elles savaient fort bien être factices et en les prenant sous leur patronage. De l'intérêt des Arméniens, elles n'avaient cure. Ce qui leur importait,

[1]) Voir Annexe n° 8, Série I.

c'était, vulgairement parlant, de s'entendre sur le dos de la Turquie, comme elles s'étaient précédemment entendues sur celui de la Perse, et comme elles étaient prêtes à s'entendre aux dépens de n'importe quel autre pays, de préférence non chrétien et non européen, incapable de résistance.

C'est le moment d'entrer dans des explications un peu plus détaillées sur la cause arménienne, au point de vue démographique et historique.

D'après les recensements étrangers opérés en 1897, c'est seulement dans 9 cazas (arrondissements) sur les 159 composant les neuf provinces ottomanes comprises dans l'étendue de ce qu'on prétend avoir été le royaume d'Arménie, que le nombre des Arméniens dépassait celui des musulmans. Sur une population totale de 6,000,000 d'habitants, il y avait à cette époque 1,000,000 d'Arméniens contre 4,500,000 musulmans (chiffres ronds), c'est-à-dire que les premiers se trouvaient dans la proportion de 1 à 4 ½ par rapport aux seconds et de 1 à 6 par rapport à l'ensemble de la population [1]).

Il y a lieu de noter que la Sublime-Porte n'a jamais suivi une politique de colonisation en «Arménie», au profit de sa domination. Les quelques essais spasmodiques qu'elle fit d'installer des Circassiens dans cette partie de l'Empire, étaient dirigés contre la Russie et ne méritent pas ce nom. L'infériorité numérique des Arméniens dans ces régions se manifestait déjà d'une façon marquée à l'époque de la conquête turque (1514) et n'a fait que s'accen-

---

[1]) Ces provinces sont celles d'Erzéroum, Bitlis, Van, Kharpout, Diarbékir, Halep, Adana, Trébizonde. De fait, le territoire occupé par ces provinces ne s'est jamais trouvé réuni à une même époque sous la domination arménienne. (Voir Encyclopedia Britannica, article Armenia.)

tuer depuis. Elle était le résultat, d'une part, de la pression persane et arabe qui détermina à plusieurs reprises un exode de la population indigène vers le nord et l'ouest et, d'autre part, de la lente infiltration d'éléments persans, arabes, seldjouks, turcs et byzantins. Dans les temps plus récents, la transplantation d'un seul coup de près de 100,000 Arméniens par Abas Schah après sa campagne victorieuse contre la Turquie (1643) et l'émigration volontaire d'un nombre considérable de cette race en Russie après le traité de Turkmen-Tchai (1828), contribuèrent largement à donner à l'élément musulman l'écrasante majorité dont il dispose aujourd'hui en «Arménie».

Telle est la situation des Arméniens au point de vue statistique et géographique.

Au point de vue historique, elle est tout aussi défavorable à leurs aspirations politiques.

Le titre historique n'est valable que dans le cas d'une domination en fonction et comme supplément au titre ethno-géographique. Pour trouver la domination arménienne pleinement établie en Anatolie orientale, il faut remonter à l'antiquité. La nationalité arménienne prend politiquement corps au IIIe siècle avant Jésus-Christ, sous la forme de deux Etats indépendants, l'Arménie Majeure et l'Arménie Mineure. Le fameux Tigrane — fameux parce qu'il avait été l'ami de Lucullus — régnait dans le premier lorsqu'étant entré en conflit avec Rome, il fut vaincu et obligé de se soumettre à sa suzeraineté. A partir de cette date, ces deux Etats devinrent un champ de lutte entre l'Occident et l'Orient, représentés respectivement par l'Empire romain et la Perse, qui finirent par s'en partager le gouvernement. Il y eut bien après cela des Etats arméniens plus ou moins indépendants, sous des dynasties plus ou moins nationales, mais comme durée et comme étendue, ils n'eurent aucune importance, sauf peut-être celui de l'Arménie Mineure, ressuscité au XIIe siècle de l'ère chrétienne et qui résista pendant deux cents ans aux assauts qui lui furent livrés. A l'époque où Sélim II s'empara de ces territoires, la domination arménienne se trouvait éteinte depuis deux siècles par celle des Arabes, des Persans, des Seldjouks et des Byzantins.

Il ressort de ce qui précède que la prétention des Arméniens de gouverner en Anatolie orientale est frappée de caducité, au double point de vue de leur supériorité numérique dans cette contrée et de leur situation historique. Aussi, n'y a-t-il pas de falsifications de la statistique et de l'histoire, et pas de sophismes politiques auxquels ils ne se soient hasardés pour sauver leur cause.

Ils ont réussi en France et en Amérique, où la géographie et l'histoire ne sont pas fort en honneur et où l'idée domine encore que les Turcs en Anatolie orientale, toujours appelée Arménie, sont une poignée d'intrus exerçant leur domination barbare sur des millions d'Arméniens dépossédés de leur patrimoine.

Mais les gouvernements de l'Entente n'ont pas l'excuse de l'ignorance. En fait, le gouvernement français donna publiquement expression à la vacuité des revendications arméniennes en 1901, époque où il se trouvait momentanément gagné par la diplomatie souterraine d'Abdul-Hamid et où la politique russe avait pris une tournure anti-arménienne. En effet, répondant à une interpellation au Palais-Bourbon, M. Gabriel Hanotaux, alors Ministre des Affaires Etrangères et surnommé Hanotaux Pacha par ses compatriotes, déclara que la France, se basant sur les rapports des Consuls français et anglais établissant l'infériorité numérique marquée des Arméniens en Anatolie orientale, se trouvait obligée de considérer la question arménienne comme classée.

On voit par là combien l'Entente, dont fait partie cette même France, se moque du public quand elle cherche à donner aux revendications arméniennes les apparences sympathiques d'une cause nationale. On ne saurait trop le répéter: il y a des Arméniens, il n'y a pas d'Arménie et il ne peut y en avoir qu'en violation flagrante du droit historique et du principe des nationalités, au nom desquels on demande effrontément son rétablissement.

Ce qui aggrave l'attitude de l'Entente dans la question arménienne, c'est que, ainsi que nous l'avons exposé, le but de sa colossale mystification n'était nullement la satisfaction des revendications factices des Arméniens, disons sous l'empire de sa partialité et de ses préventions chrétiennes, mais bien l'avancement des ambitions territoriales de la Russie. Une Arménie créée au profit d'une petite minorité arménienne et aux dépens d'une grande majorité musulmane, devait fatalement devenir le siège de désordres chroniques, qui étaient destinés à servir de prétexte à l'Empire voisin pour occuper le nouvel Etat, soi-disant pour y rétablir l'ordre, mais en réalité pour s'y installer à demeure. L'Angleterre ne s'était-elle pas introduite sous des prétextes également faux en Egypte et la France en Tunisie? Décidément, ces trois Puissances jouaient admirablement le rôle des larrons de la foire, mais costumés en marchands honnêtes et vertueux.

Si l'on demande une preuve positive de ce que nous avançons, on la trouvera dans le fait qu'après la guerre balkanique, l'Entente avait divisé l'Empire en sphères d'influence, l'Anatolie orientale revenant précisément à la Russie, à telles enseignes que l'Angleterre revint sur sa promesse de fournir des fonctionnaires à la Turquie pour l'administration de ces territoires, du fait de l'opposition, reconnue légitime par elle, de l'Empire des Tsars.

A supposer, toutefois, qu'à cette occasion la Trinité politique dont il s'agit ait joué sincèrement et sérieusement le rôle de protectrice des nationalités faibles — rôle dans lequel elle n'avait fourni jusqu'alors que le spectacle d'une grossière bouffonnerie et d'une révoltante hypocrisie — quelle justice y aurait-il eu à «sauver» les Arméniens en sacrifiant les Turcs?

Le mécanisme imaginé par les Grandes Puissances pour l'administration de l'Anatolie orientale était déjà en train de fonctionner, lorsque la guerre européenne éclata. La conspiration dirigée contre la Turquie échoua. Mais le dernier coup avait été porté à la longanimité de la Sublime-Porte. Ayant épuisé sans succès tous les moyens en vue de se concilier ses sujets arméniens, elle ne voulut plus y voir, comme elle ne pouvait raisonnablement plus y voir, qu'un élément à qui ses relations avec l'étranger donnaient un caractère d'irréductible hostilité et constituaient pour la Turquie un grand danger. Persévérer dans sa tolérance envers cet élément, eût été un crime de lèse-patrie.

APRÈS L'EXPLOSION DE LA GUERRE EUROPÉENNE
QUATRIÈME ET DERNIÈRE PHASE DE LA QUESTION TURCO-ARMÉNIENNE

Avec l'explosion des hostilités entre les deux groupes où l'Europe s'était divisée, nous entrons dans la quatrième et dernière phase de la question turco-arménienne.

Nous venons de dire dans quelles dispositions tragiques et redoutables Turcs et Arméniens se trouvaient à l'égard les uns des autres, à la veille de cet événement : les seconds, plus résolus que jamais à réussir dans leur entreprise subversive même par les moyens les plus abominables : les premiers, tout aussi décidés à défendre leur patrimoine menacé par les menées arméniennes.

L'entrée en guerre de l'Europe électrisa les comités arméniens qui, ainsi qu'on l'a vu, avaient enterré leurs différends et faisaient bloc contre la Turquie. Une meilleure occasion pouvait-elle jamais se présenter pour la réalisation de leurs espérances ? D'après leurs calculs, la Turquie devait se trouver fatalement entraînée dans la lutte du côté de l'Allemagne, ce qui la mettrait directement aux prises avec la Russie, limitrophe des provinces habitées par leur race. C'était donc le concours de cette Puissance, dans des conditions qui semblaient leur promettre un succès certain, car les moyens de défense de la Turquie étaient fort restreints dans ces parages où, par exemple, les travaux d'art militaire et les routes faisaient complètement défaut, alors qu'au contraire, la Russie avait transformé depuis longtemps le Caucase en une formidable base d'opérations. D'autre part, l'enrôlement de tout l'arménisme dans la cause de l'autonomie territoriale et le complètement de ses préparatifs en vue d'une action décisive, constituaient deux autres facteurs favorables dans la situation russe.

Escomptant le triomphe de l'Entente ou des « Alliés », comme celle-ci se faisait appeler dès lors, monopolisant ce qualificatif quelque peu arbitrairement, les Arméniens se laissèrent aller à des manifestations retentissantes en sa faveur. C'était applaudir indirectement à la défaite de la Turquie, puisqu'ils s'attendaient à ce qu'elle participât à la lutte aux côtés de l'Allemagne. Il y a plus et pire. Les Arméniens ottomans des Etats-Unis et de France prêtèrent leur concours actif aux adversaires de celle-ci, en envoyant des contingents considérables de volontaires en France et en Russie. Il y avait là un acte d'insoumission aux lois de citoyennage ottoman, dont la signification s'aggravait du fait des précisions que leur presse à l'étranger vint y apporter : les Arméniens devaient tout faire pour faciliter le triomphe de l'Entente, puisqu'il entraînerait la débâcle de la Turquie.

ATTITUDE DES ARMÉNIENS EN PRÉSENCE DU DÉCRET DE MOBILISATION GÉNÉRALE

L'attitude des Arméniens en présence du décret de mobilisation générale dépassa les pires appréhensions du gouvernement ottoman. La moitié d'entre eux se dérobèrent à l'appel. Les uns franchirent la frontière — c'était le cas de ceux qui habitaient les provinces limitrophes de la Russie. Les autres s'enfuirent de leurs domiciles pour attendre, cachés par-ci par-là, le moment propice de surgir en ennemis armés de l'Etat. Sur la moitié restante, la majorité se fit mener à son corps défendant et sous escorte aux bureaux de recrutement. Si les autres se présentèrent volontairement, c'était une comédie destinée à endormir la vigilance de la Sublime-Porte et à leur permettre de se procurer contre celle-ci et la population musulmane, les armes perfectionnées dont ils avaient été pourvus pour la défense de l'Etat.

Tous les insoumis allèrent grossir les rangs de l'armée russe ou des bandes terroristes qui n'avaient cessé d'infester la contrée depuis l'ouverture de la campagne arménienne. Les effets de ce débordement de l'élément révolutionnaire arménien ne tardèrent pas à se faire sentir. C'était des attaques audacieuses contre les détachements isolés de l'armée ottomane, l'interception presque quotidienne des convois militaires, la destruction des dépôts de l'intendance, de continuels actes de violence contre les musulmans allant volontairement se faire inscrire comme soldats; c'était, en un mot, une action systématique dirigée contre les préparatifs militaires de la Turquie; c'était, d'autre part, un redoublement d'acharnement dans toutes les entreprises ayant pour but d'attenter à la vie et aux biens des musulmans.

Il y avait dans cette attitude des Arméniens plus de justification qu'il ne fallait pour user envers eux collectivement de la dernière rigueur. A leurs anciens crimes s'étaient ajoutés l'insoumission au service militaire, la désertion en masse et par entente et leur enrôlement comme volontaires dans les armées de l'Entente.

Le Ministère de la Guerre riposta en faisant désarmer les Arméniens se trouvant sous les armes et en les faisant verser dans les bataillons ouvriers dont la création avait été décidée par l'état déplorable des moyens de communication dans le pays et surtout dans la région dont il s'agit. Il est vrai qu'ils eurent à subir de ce chef plus de privations que s'ils étaient restés dans les rangs des combattants mieux soignés que les non combattants, en raison de la distinction que les autorités militaires avaient été obligées de faire en faveur des premiers, par suite des difficultés que rencontraient l'approvisionnement et l'équipement de l'armée. Mais ce sont les Arméniens eux-mêmes qui étaient responsables de ce changement dans leur condition.

Pourtant, les Comités ne se gênèrent pas de représenter cette mesure naturelle de défense prise contre eux comme un exemple du traitement différentiel dont les Arméniens auraient été victimes de tout temps dans l'Empire et qui, dans les circonstances dont il s'agit, les auraient enfin poussés à se dérober à leurs devoirs de citoyens par pur écœurement!

C'est ainsi qu'ils ont travesti la vérité en toute circonstance, en ce qui concerne les rapports des Arméniens avec la Sublime-Porte. Leur habileté, leur promptitude à retourner, en leur faveur même, les faits les plus compromettants pour eux — qualités qui forment un contraste frappant avec la maladresse et la lenteur de la Turquie à se défendre contre leurs calomnies — ont été leurs armes les plus efficaces contre la domination ottomane. Elles ne leur ont pas procuré la victoire matérielle, mais elles ont largement contribué à leur donner gain de cause moral dans l'esprit du public occidental.

ACTION DES ARMÉNIENS APRÈS L'ENTRÉE DE LA TURQUIE EN GUERRE

Nous venons d'exposer la forme prise par l'activité des Arméniens dans le court espace de temps qui s'écoula entre l'explosion de la guerre et la participation de la Turquie à la lutte, en en faisant ressortir le caractère franchement criminel. Toutefois, ce n'est qu'après ce dernier événement que le plan qu'ils avaient machiné contre l'Etat ottoman se déroula dans toute sa sinistre étendue. Voici en quoi consistait ce plan. En vertu d'instructions secrètes que les Comités avaient fait parvenir jusqu'aux plus petits hameaux arméniens, les Arméniens groupés en bandes encadrées par les déserteurs de l'armée impériale et composées de tous les individus valides de la race, précédemment dénombrés, enrôlés et classés, devaient semer la destruction et la mort dans les villages turcs et kurdes et de cette façon, non seulement terroriser la population musulmane, mais pousser les soldats turcs à quitter l'armée pour accourir au secours de leurs foyers. Pour compléter la désorganisation de la défense militaire de la Turquie, ils devaient attaquer les convois militaires, tendre des embuscades aux détachements isolés de l'armée et faire le service d'espions pour le compte de l'ennemi prêt à franchir la frontière. Ayant ainsi préparé le terrain à l'invasion des armées russes, ils devaient se joindre à elles, leur servir d'éclaireurs, occuper les postes d'arrière et couper la retraite des troupes turques.

Les Arméniens s'acquittèrent de cette tâche avec une fureur de possédés. Des centaines de villages musulmans en furent victimes. A la bataille de Sari-Kamich, leurs étendards décorés des armes de leur royaume défunt se confondaient avec ceux des Russes. La ville de Van, où les Arméniens locaux étaient entrés en rébellion armée par opposition au service militaire, fut prise par les Russes avec le concours des volontaires arméniens et sa chute précédée de dévastations et de massacres dans ses environs, comme elle fut suivie des mêmes abominations dans son enceinte même. A Pounar, à Guévach, à Tchatac, ils se livrèrent aux mêmes exploits. Ce fut un gros corps de volontaires arméniens ottomans et russes qui s'empara de la ville presque sans défense de Bayazid, dès le début de la guerre. Comme à Van, il y eut rébellion armée, accompagnée d'attentats de toutes sortes à Zéitoun, à Haizan, à Koms. Tout le long de la côte de la Mer Noire et du bassin oriental de la Méditerranée, ils se mirent au service de l'Entente comme espions, tout en ayant recours aux mêmes actes de terrorisme que dans l'Anatolie orientale.

Il serait fastidieux de continuer. Le lecteur se fera une idée de l'étendue de l'appui prêté par les Arméniens à l'armée russe [1]) et de leurs sauvages entreprises contre leurs compatriotes musulmans, dans le recueil de documents annexé à cet exposé.

Il y trouvera la preuve irréfutable de la participation de la masse de la population arménienne

---

[1]) Si on prend en considération l'attitude des Arméniens au cours des opérations militaires sur le front oriental de l'Empire, on reconnaîtra qu'il était difficile à l'armée ottomane, du reste peu nombreuse dans ces parages et mal équipée, de résister à l'invasion russe, puisqu'à l'ennemi extérieur était venu se joindre un ennemi intérieur, redoutable par le nombre, la résolution et la connaissance des lieux.

fanatisée par le Comité aux pires crimes qu'une catégorie de sujets peut commettre contre une autre et contre l'Etat dont elles relèvent en commun.

AVERTISSEMENTS DONNÉS AUX ARMÉNIENS AU DÉBUT DE LA GUERRE

Pourtant un des premiers actes du Ministre de la Guerre, Enver Pacha, après l'explosion des hostilités entre la Turquie et la Russie, fut d'avertir solennellement le Patriarche arménien que toute tentative d'insurrection ou tout acte d'agression contre les musulmans de la part de sa communauté en un moment si grave pour l'Empire, exposerait celle-ci aux plus terribles conséquences. Il lui expliqua clairement qu'occupé à défendre le pays contre trois puissants ennemis, le gouvernement impérial, qui sans doute sévirait pour son propre compte avec la dernière rigueur, mais en faisant la distinction entre innocents et coupables, se trouverait dans l'impossibilité de la protéger contre la juste mais aveugle vengeance de la foule musulmane, quatre fois et demi plus nombreuse qu'elle. Il fit ressortir que même si lui, Ministre de la Guerre, avait des troupes disponibles à envoyer sur les lieux, l'absence de moyens de communication l'empêcherait d'intervenir à temps et que dans ces conditions, toute provocation serait non seulement un crime, mais une folie.

Le Président d'alors de la Chambre des Députés, Halil bey, adressa le même avertissement dans des termes tout aussi sentis aux représentants arméniens. Rien n'y fit. Persuadés du triomphe rapide de l'Entente, surtout dans ses opérations contre la

Turquie et fortifiés dans leur résolution par la perspective que celle-ci faisait miroiter à leurs yeux, d'une Arménie peut-être indépendante, les Arméniens s'engagèrent avec enthousiasme dans la campagne qu'on vient de décrire. Ce qui devait arriver, arriva.

MESURES DÉFENSIVES DU GOUVERNEMENT

La Sublime-Porte, retombant dans la tolérance, patienta pendant plusieurs mois, ce qui, on voudra bien l'admettre, était le comble de la longanimité. Finalement, elle vit que le salut du pays exigeait d'elle des mesures promptes et décisives. Elle n'hésita plus. Elle fit dissoudre les Comités arméniens et arrêter leurs chefs. Elle ordonna des perquisitions dans les établissements publics des Arméniens et dans leurs résidences privées, ce qui eut pour résultat de faire convaincre des centaines d'entre eux de desseins et d'actes révolutionnaires. Les coupables furent condamnés aux peines qui ont cours dans tout pays où existe la notion de la sécurité de l'Etat. Les suspects furent emprisonnés par mesure de précaution et la population arménienne dans son ensemble soumise à de sévères restrictions en matière de déplacement. Tout cela faisait partie du cours naturel et élémentaire des choses. Mais la Sublime-Porte eut en même temps recours à un remède héroïque : la transportation à l'intérieur du pays de la population arménienne des provinces limitrophes de la Russie et de celles où un débarquement de l'ennemi était à craindre.

Le tolle général que cette mesure provoqua en Occident était caractéristique de son attitude à l'égard de la Turquie. Quelle barbarie! s'écria-t-on de tous côtés, surtout dans l'onctueuse Angleterre, quelle inhumanité! Décidément, les Turcs étaient indignes de figurer parmi les nations civilisées! Qu'elle rentre en Asie, la horde assassine, infâme! Et beaucoup d'autres aménités, dans le plus pur style gladstonien.

Sans doute, le déracinement de tout un peuple en temps normal mériterait la plus sévère réprobation. Mais songez à la situation: la Turquie était engagée dans une guerre où elle combattait pour son existence même et où les Arméniens précisément, qui depuis soixante-dix ans pratiquaient une action systématique contre elle, virent une occasion suprême de contribuer à sa chute, en lui portant un coup dans le dos.

Sacrifiant l'intérêt suprême de l'Etat, sa conservation, à un sentiment d'humanité, à un moment où, par l'effet de la guerre, les lois d'humanité dans leur acception générale se trouvaient suspendues, devait-elle permettre à la rébellion, alliée à l'invasion, de continuer à se servir de sa base citadine et villageoise, englobant dans ses cadres presque tous les foyers arméniens? Elle eût été plus qu'humaine en procédant de la sorte. *Salus regni prima lex esto.*

Il y a lieu d'insister sur ce point. Le triomphe de l'un ou de l'autre groupe dans la guerre actuelle peut entraîner pour les pays battus autres que la Turquie une diminution de territoire et de prestige: c'est tout. La Turquie, elle, est condamnée à l'anéantissement par la défaite. L'Entente lui a clairement prédit ce sort. Ayant tout à perdre si la fortune des armes se prononce contre son groupe, elle est de tous les pays belligérants celui qui est le moins libre d'user de ménagements dans la poursuite de la victoire.

SOUFFRANCES DES ARMÉNIENS

Sans doute, les Arméniens délogés eurent à souffrir dans quelques cas de l'insensibilité, de la brutalité ou de la violence des soldats et des gendarmes chargés de les escorter jusqu'à leurs nouvelles demeures. Mais pour être commis au maintien de la loi, on n'en est pas moins homme. A la pensée des forfaits perpétrés par les Arméniens tout récemment et peut-être dans plus d'un cas sous leurs propres yeux et sur la personne de leurs amis ou parents, ces soldats et ces gendarmes n'étaient-ils pas excusables d'avoir laissé la voix du ressentiment étouffer celle du devoir? Par contre, on pourrait citer des dizaines d'exemples de ces gens aux instincts primitifs, se sacrifiant pour la défense de ceux confiés à leur surveillance contre les attaques de bandes de brigands surgis en cours de route.

Quant aux détachements de l'armée impériale, dont quelques-uns ont pu aussi se livrer par-ci par-là à des excès, était-ce tellement contraire à la nature humaine et en contraste avec la conduite des armées occidentales, qu'enragés par l'action des Arméniens, dont la coopération avec les Russes avait décidé du sort de plus d'une bataille en faveur de ces derniers, ils se soient vengés des méfaits du peuple arménien considéré collectivement, sur des fractions de cette race, peut-être pas en état immédiat d'activité criminelle, mais qu'ils étaient en droit de considérer comme coupables dans le passé ou prêtes à le devenir à la première occasion favorable? Etait-il donc tellement sans précédent que, voyant rouge au souvenir des attaques sauvages des Arméniens contre leurs foyers dont il ne restait que des ruines fumantes et des corps mutilés, les soldats composant ces détachements se soient laissés aller quelquefois à retourner contre leurs adversaires les méthodes cruelles qu'ils pratiquaient? Qu'on se rappelle les atrocités commises par les troupes de Wellington en Espagne et celles qui souillèrent les campagnes des Américains contre les Peaux-Rouges et contre les Philippins et on sera édifié à cet égard[1]).

On peut en dire autant des fonctionnaires subalternes de l'Administration ottomane qui, profitant de l'absorption de leurs chefs par les préoccupations de la guerre, se permirent de s'ériger en vengeurs de leur race.

Sans doute aussi, la populace musulmane perdit toute retenue en quelques circonstances. Mais c'était comme dans le cas de la troupe et de la gendarmerie, attentat répondant à attentat, cruauté répondant à cruauté, massacre répondant à massacre. Les Arméniens s'étaient conduits en démons. S'attendait-on à ce que les Turcs se conduisissent en anges? Tous les étrangers qui connaissent la Turquie à fond et se permettent d'être impartiaux à son égard, sont d'accord pour affirmer que le paysan turc est l'être le plus doux et le plus endurant qu'il y ait au monde. Mais il y a une limite à sa patience. Lorsqu'il finit par être exaspéré, il devient terrible comme tous les êtres virils dont la

---

[1]) Il n'y a pas d'atrocités et d'actes de brigandage que les troupes de Wellington n'aient commis en Espagne chaque fois qu'elles rencontraient de la résistance de la part des villes.

Dans les premières expéditions des Américains contre les Peaux-Rouges, les soldats américains s'amusaient à se lancer les uns aux autres des enfants pris à l'ennemi qu'ils attrapaient sur la pointe de leurs baïonnettes. Aux Philippines, ils eurent recours à la torture, entre autres à la fameuse «cure d'eau» pour arracher aux indigènes des renseignements sur les mouvements d'Aguinaldo.

colère est lente à se manifester, terrible, mais pas aussi féroce que le Français, l'Italien et le Portugais, par exemple, qui eux se laissent aller aux dernières extrémités à la première provocation. En tout cas, il est sans contredit moins inhumain dans ses débordements que ses voisins chrétiens, l'Arménien précisément, dont nous avons raconté les procédés barbares, le Grec et le Bulgare, dont les atrocités au cours de la guerre balkanique ont été enregistrées dans le rapport de la Commission d'enquête Carnegie [1]). Le gouvernement n'était pas en mesure d'intervenir efficacement. L'exaspération provoquée dans l'armée et dans la population par l'attitude des Arméniens était telle que ses appels à la modération devaient nécessairement rester lettre morte.

Les professionnels de la turcophobie, les Bryce, les Buxton et consorts, prétendent que 800,000 Arméniens ont péri victimes de la «sauvagerie» turque au cours du flux et reflux de l'armée ottomane dans l'Anatolie orientale et pendant leur transfert d'une localité à une autre. C'est faux comme chiffre, c'est faux comme explication.

Ce n'est qu'après la guerre qu'on pourra établir exactement le nombre des Arméniens qui ont trouvé la mort dans la tourmente qui secoua l'Anatolie orientale au début de la guerre. Mais d'ores

---

[1]) «Les Turcs forment le meilleur élément par rapport non seulement à la population musulmane, mais aussi à tous les peuples de l'Asie-Mineure. La plupart des vices attribués aux Turcs par la presse russe et européenne sont absents de leur caractère. S'il faut dire la vérité telle qu'elle est, il faut bien avouer qu'en Orient, ce ne sont pas les musulmans qui sont les barbares, mais bien les chrétiens.»

Général Mayewsky.

et déjà, on peut affirmer que celui de 800,000 inventé par les Arméniens et accepté de confiance par leurs patrons occidentaux est une énorme exagération. Quel qu'il soit, il est inférieur, et de beaucoup, à celui des musulmans qui ont péri à la même époque, si au nombre de ceux qui ont été massacrés par les Arméniens et leurs alliés russes, on ajoute celui des dizaines de milliers de soldats turcs tombés en combattant et qui auraient échappé à ce sort, si les premiers n'avaient pas facilité les succès militaires des seconds en coopérant avec eux.

Quant aux causes de cette perte de vies arméniennes, elles résident pour la plus grande part dans la faim, l'exténuation et les épidémies qui ravagèrent les rangs des déracinés pendant leur déplacement et après [1]). On ne saurait rendre les autorités responsables de cette situation. L'extension et la forme prises par le mouvement révolutionnaire arménien avaient fait de la transportation *de toute* la population arménienne plus à l'intérieur du pays, une nécessité militaire de premier ordre. D'autre part, dans ces régions naturellement pauvres et vite épuisées par l'état de guerre, le gouvernement ne pouvait qu'assister impuissant au fauchage opéré par la mort parmi les Arméniens transplantés. Songez que c'est à peine s'il arrivait à y nourrir ses propres soldats, à qui il devait naturellement donner la préférence, et qu'il ne réussissait pas à les défendre contre la maladie qui les éprouva autant que les habitants civils. Cela veut dire que, dans cette question de

---

[1]) La population musulmane qui reflua en masse vers l'intérieur du pays à la suite de l'invasion russe, subit des pertes encore plus considérables par les mêmes causes. A tous les points de vue, le drame musulman est aussi poignant que le drame arménien.

la transplantation, la population arménienne a été victime, d'une part, de la funeste politique des Comités qui avaient imposé cette mesure défensive au gouvernement et, d'autre part, de la fatalité qui en avait fait une source d'inévitables maux pour elle au cours de son application.

Il y a évidemmeht dans la situation ainsi créée par l'aberration des Comités et par la force des circonstances un malheur pour la race arménienne. Nous sommes les premiers à le déplorer, mais n'oublions pas que, tout à côté du malheur arménien, il existe parallèlement et simultanément le malheur turc, en tout pareil. On s'est désolé en Occident sur le premier. C'est un sentiment que, comme nous, des milliers de musulmans, oubliant le rapport dans lequel se trouvent les deux tragédies entre elles, ont partagé avec les cœurs sensibles d'Europe et d'Amérique. Mais pourquoi donc ceux-ci restent-ils indifférents aux seconds? Une vie turque, parce qu'elle est musulmane, vaut-elle moins qu'une vie arménienne, parce qu'elle est chrétienne? Deux poids et deux mesures, même dans le champ de la compassion!

LA RÉACTION TURQUE N'A ÉTÉ NI PLUS CRUELLE NI PLUS VIOLENTE QU'ELLE N'AURAIT ÉTÉ DANS N'IMPORTE QUEL AUTRE PAYS

A supposer que la déportation des Arméniens ait été réellement une mesure barbare en elle-même et que nous ayons atténué les excès commis à cette occasion et dans d'autres circonstances du côté turc et qui en tout cas, n'ont pas dépassé en horreur les atrocités arméniennes dont ils n'étaient que la réponse ; à supposer encore que nous ayons à dissimuler la part de responsabilité pouvant revenir au gouvernement ottoman dans ces circonstances, nous affirmons hardiment que, sous aucun rapport, cette réaction n'a été plus prononcée que celle dont aurait été le théâtre n'importe quel pays d'Occident qui se serait trouvé en butte aux mêmes provocations, dans les mêmes circonstances.

Prenons comme terme de comparaison la Russie, l'Angleterre et l'Amérique qui, comme la Turquie, renferment dans leur sein des éléments qu'elles n'ont pas assimilés.

On sait le traitement infligé par la Russie Impérialiste à ses sujets polonais et comme elle répondit à leurs insurrections de 1831 et 1863 que tout justifiait, car non seulement, ils étaient privés de leurs droits ethniques, civils et religieux, mais ils se trouvaient en butte à des persécutions quotidiennes qui leur rendaient la vie intolérable. Autant les Arméniens manquaient de raisons pour se soulever contre la domination turque, à moins qu'on ne prétende que leurs griefs administratifs en constituaient une, ce qui ne peut être le cas, autant les Polonais pouvaient en invoquer contre celle de la Russie. Ni la révolution de 1831, ni celle de 1863 ne coïncida avec une guerre où la Russie se trouvait engagée et où les Polonais auraient combiné le rôle d'insurgés avec celui de soutiens et d'aides de l'ennemi. Pas plus dans le premier cas que dans le second, l'action des Polonais ne pouvait avoir sur les destinées de la Russie un effet aussi désastreux que celle des Arméniens sur le sort de la Turquie. Pourtant, la Russie alla tout aussi loin dans la répression en 1831 et 1863, qu'en 1915 la

Turquie, même considérée comme ayant réellement atteint le point qu'on prétend. Déportation en Sibérie de dizaines de milliers de Polonais, hommes, femmes et enfants, périssant en route sous le «knout» et la «nagayka» et subissant un sort encore plus cruel après leur arrivée à destination; exécutions en masse; dévastation de districts entiers et massacre de leurs habitants; conversions forcées à l'orthodoxie. Tout ce qui figure ou qu'on prétend figurer dans le tableau turc, se trouve dans le tableau russe et plus encore, car on y voit s'ajouter la proscription, la confiscation des biens et des détails odieux, comme la fustigation de femmes en public et le massacre d'ôtages.

Que n'aurait pas fait la Russie tsariste, dont le passé se trouve chargé de bien d'autres abominations, les fameux «progroms», par exemple, dont nous avons eu déjà l'occasion de parler à plusieurs reprises — ces explosions subites de fanatisme politico-religieux dont s'est trouvée périodiquement victime en temps normal une race qui ne s'est jamais départie de la plus parfaite correction envers l'Etat; que n'aurait pas fait cette «Sainte» Russie, si la rébellion polonaise avait renfermé tous les éléments de la révolution arménienne? Que n'aurait-elle pas fait au cours de la guerre actuelle, si la Pologne dont la population a accueilli les Allemands et les Austro-Hongrois en sauveurs, était retombée sous son joug avant la chute du régime tsariste?

Ce qui se passe aujourd'hui sous nos yeux dans la Russie nouvelle des Bolcheviki, des Maximalistes, des Soviets, où ces prétendus libérateurs de l'Empire sont en train de perpétrèr tous les crimes imaginables contre la justice et l'humanité au nom usurpé de l'une et de l'autre, est un exemple de rigueur gouvernementale et de sauvagerie nationale qui dépassent celles attribuées à la Turquie et qui n'ont pas l'excuse d'être, la première, une mesure suprême de conservation, la seconde, les représailles d'un peuple systématiquement provoqué et finalement exaspéré.

Les souffrances des Irlandais sont moins connues que celles des Polonais en Russie. Sous une autre forme, elles ont été encore plus intolérables. Nous renvoyons ceux de nos lecteurs qui voudraient être exactement renseignés sur ce sujet, à un livre récemment paru du Dr Chatterton-Hill, où les méfaits de la politique anglaise en Irlande sont exposés en détail. Ils y apprendront comment le gouvernement britannique s'appliqua sans relâche, au cours des sept siècles qu'a duré son gouvernement de l'Ile-Verte, à étouffer la nationalité et la religion irlandaises par des moyens tantôt violents, tantôt sournois, au nombre desquels l'implantation systématique de colonies anglo-saxonnes au milieu de la population celtique et comment le complément de cette politique, gantée d'hypocrisie et de religiosité, consistait à entretenir artificiellement la misère dans l'île, dans le but froidement poursuivi de réduire la population indigène dont le nombre inquiétait sa domination.

La première partie de ce programme ne réussit pas : les Irlandais sont restés plus Irlandais et plus catholiques que jamais. Par contre, la seconde eut un succès qui doit réhabiliter la Grande-Bretagne à ses propres yeux. Voyez plutôt : de 9,000,000 qu'ils étaient en 1830, les habitants indigènes de l'île ne sont plus que 4,000,000. Ce n'est pas seulement, il est vrai, la mort par la misère et la faim, c'est encore et surtout l'émigration, dans laquelle ils ont cherché un remède à leurs maux qui les ont réduits à ce chiffre. Excellente idée, du reste, que celle d'avoir cherché un refuge dans l'expatriation et dont ils ont tout lieu de se féliciter. De cette façon, 16,000,000 d'Irlandais ont survécu aux Etats-Unis où ils sont en train de prospérer et de se multiplier, dont l'existence aurait été tuée dans l'œuf si leurs parents étaient restés dans leur pays natal, grâce aux effets meurtriers de la politique anglaise. La présence de 16,000,000 d'Irlandais en Amérique contre le quart seulement de ce nombre dans leur île natale, alors qu'ils y étaient 9,000,000 en 1850 — une perte de 21,000,000 d'individus pour leur pays — est suffisante pour faire condamner la domination anglaise en Irlande, soit comme intolérablement oppressive, soit comme absolument incapable. En fait, elle est une combinaison des deux. Que si l'on examine la condition des 4,000,000 d'Irlandais restés dans leur pays, on verra qu'en grande majorité, ils habitent des taudis que dans son inconscience, la prospère Angleterre gouvernant elle-même l'Irlande de l'autre côté d'un détroit à peine large d'une dizaine de milles, déclare avec dédain indignes de loger des porcs ; qu'ils se nourrissent presque exclusivement de pommes de terre et dans certains districts d'herbes sauvages — cela dans un pays naturellement fertile ; qu'ils croupissent dans l'ignorance et une superstition moyennageuse ; qu'enfin, ils sont impitoyablement exploités par les grands propriétaires fonciers et les industriels, tous Anglais. Aussi, voit-on les Irlandais s'insurger contre leurs maitres dès le lendemain de la conquête de leur pays et persister jusqu'à nos jours dans cette attitude qui, du reste, n'a fait qu'aggraver leur sort, en provoquant des réactions anglaises incapables de procéder autrement que par un redoublement de violence et d'injustice.

Depuis une vingtaine ou une trentaine d'années, l'Angleterre a fait semblant de vouloir réparer ses injustices envers les Irlandais, elle a même pensé à leur faire octroyer le Home-rule. Que ne commença-t-elle par les traiter plus équitablement au point de vue économique, ce qui eût été plus simple et aurait été une indication plus claire de sa sincérité. Qu'est-ce qui l'a empêchée, par exemple, d'abolir les droits d'exportation sur les lainages qui ont tué cette industrie, la principale source de revenus de l'île, et de permettre à Queenstown de jouer son rôle naturel de port le plus rapproché des Etats-Unis, au lieu de favoriser Londres et Liverpool ? En 1850, c'était l'exonération du whiskey de tout droit d'importation, alors que toutes les autres marchandises étaient frappées d'un droit d'entrée élevé. En 1891, c'était l'imposition d'une taxe d'exportation sur les lainages, alors que tout le reste — ce n'était pas grand'chose — pouvait sortir librement de l'île. Voilà les deux extrêmes de la politique économique de l'Angleterre à l'égard de l'Irlande, deux extrêmes qui se touchent dans l'intention maligne qui les a dictés.

Quant au Home-rule, elle ne le lui a pas accordé encore et on peut bien se demander si jamais elle le lui accordera, elle, qui pourtant s'est faite l'avocat bruyant de l'autonomie arménienne et qui a concédé ce régime à tous les peuples de race européenne incorporés dans son Empire, même aux Boers qu'elle proclamait la lie de l'humanité, jusqu'à ce que son inique guerre sud-africaine les eût soumis à sa domination. Non ! Les Irlandais ne sont pas dignes du droit de s'administrer. Et savez-vous pourquoi ? C'est qu'ils sont trop frivoles, trop étourdis, trop peu pratiques. Ce à quoi ils sont bons, c'est de combattre pour l'Angleterre et de lui gagner des batailles. Pour le reste, ils n'ont qu'à crever chez eux.

Comparez la politique violemment ou ingénieusement malveillante de l'Angleterre à l'égard des Irlandais, à l'attitude paternelle et accomodante de la Sublime-Porte envers ses sujets chrétiens et notamment envers les Arméniens ; comparez l'état de complet dénûment du paysan de Connaught à l'aisance vantée par le Général Mayewsky du cultivateur arménien des plateaux de l'Anatolie orientale et la crasse ignorance du premier, à l'instruction parfaitement suffisante pour les besoins de sa classe du second ; considérez que si la tranquillité et la paix ont fait défaut en « Arménie », elles n'ont pas précisément brillé en Irlande, où les crimes agraires et politiques s'ajoutent aux rixes sanglantes entre catholiques et protestants et aux rencontres armées entre la force publique et la population, pour faire de cette annexe immédiate de la très puissante et très civilisée Angleterre, l'un des pays les plus troublés et les plus misérables du monde. Livrez-vous à toutes ces opérations mentales et vous verrez combien l'Angleterre est mal venue de s'ériger en dénonciatrice indignée de la Turquie, jugée comme Puissance Impériale et plus particulièrement comme maîtresse d'une partie du peuple arménien.

La domination turque en « Arménie » s'est évidemment trouvée en défaut par le côté administratif, mais elle s'est honorablement distinguée par la tolérance politique et religieuse envers les éléments non musulmans qui y ont trouvé plus qu'une compensation à leurs griefs matériels.

La domination prussienne en Posnanie, autre situation internationale à laquelle l'Angleterre s'attaque comme oppressive, s'est montrée plutôt respectueuse des droits nationaux et religieux des Polonais jusqu'en 1880. Si après cette date, la Prusse a adopté une politique de dénationalisation et de disruption à l'égard de l'élément indigène, sans le moindre succès, du reste, — tout au contraire — c'est à cause de la difficulté, pour ne pas dire l'impossibilité qu'il y a pour tout Etat ayant à gouverner un peuple conquis de souche et de religion différentes, à établir les bases d'une existence commune durable qui offrirait satisfaction aux deux parties, d'où changement de tactique allant de la compression au libéralisme et *vice-versa*. La Prusse peut affirmer cependant qu'elle a d'abord fait l'essai d'un système assez libéral et tolérant en Posnanie et qu'elle s'y est maintenue loyalement pendant quatre-vingt-dix ans, sur les cent quarante qu'y a duré sa domination. D'autre part, sans compter qu'elle se propose sans doute de revenir après la guerre à des sentiments, ou disons à des calculs plus justes dans son traitement de la question polonaise dont se trouve embarrassée son administration, elle peut se vanter d'avoir introduit une tranquillité et une prospérité remarquables dans la partie de l'ancien royaume de Piast qu'elle détient et qui, comme les autres, vivait dans l'anarchie et dans une noire misère avant le partage, et que par l'enseignement scolaire et de l'exemple, elle a déterminé un changement salutaire dans le caractère national d'une forte partie de la race polonaise.

Aujourd'hui, les 4,000,000 de Polonais gouvernés par la Prusse forment une société qui est devenue l'égale de l'allemande par le goût du travail, la méthode et la ténacité dans l'entreprise, la prévoyance et l'économie, le sentiment de l'ordre, du confort et de la propreté. C'est une transformation qui tient du prodige.

Par là, la domination allemande a rendu un service incalculable à toute la nation polonaise qui, à l'état indépendant, avait beaucoup de brillant, de pittoresque et de côtés sympathiques, mais se trouvait privée de la plupart des qualités qui assurent le succès politique et matériel. On peut même affirmer sans verser dans le paradoxe que, puisque la nationalité polonaise a survécu au partage et qu'elle est même en train de refleurir dans une forme étatique, le peuple polonais a tout lieu de se féliciter de ce qu'il a considéré jusqu'ici comme une épouvantable calamité. Car s'il avait échappé au partage, il ne se serait certainement pas trouvé aussi bien outillé pour la lutte pour la vie qu'il l'est aujourd'hui après un siècle et demi de domination allemande, autrichienne et même russe. Cette dernière elle-même, ayant opéré à son avantage, en lui inculquant le sentiment de la maîtrise de soi et de la discipline et en l'amenant à substituer à son stérile idéalisme et à son néfaste individualisme une conception pratique de la vie et le sentiment de la solidarité.

La domination anglaise en Irlande, elle, ne s'est distinguée ni par la tolérance dont elle reproche l'absence à la domination prussienne en Posnanie, ni par les bienfaits d'une bonne administration qu'elle accuse la Turquie de n'avoir pas su procurer à l'Anatolie orientale, ni même par le maintien de la paix et de la tranquillité qu'elle se vante d'avoir établi dans les autres parties de son Empire, en lui donnant le nom quelque peu pompeux de *pax bri-*

tannica, ce qui a été vrai dans le passé, mais reçoit des démentis de plus en plus forts dans le présent.

C'est dans ces conditions qu'éclata l'insurrection organisée par Sir R. Casement. Tout dans la conduite passée de l'Angleterre à l'égard des Irlandais, cette conduite faite de violence, d'injustice et de fraude, lui commandait d'user de modération dans la répression, d'autant plus qu'elle avait à faire à un mouvement politique exempt des méfaits de droit commun qui avaient marqué le soulèvement des Arméniens de Turquie. C'est tout le contraire qu'elle fit. Il est superflu d'entrer ici dans des précisions, le détail des rigueurs dans lesquelles elle noya l'île étant présent à la mémoire de tous.

Que n'aurait-elle pas fait si les Irlandais avaient joué chez elle intégralement le rôle des Arméniens de Turquie et si le mouvement ayant réussi et abouti à une descente allemande que nous supposons possible dans l'intérêt de notre argumentation, elle s'était réemparée de l'île dans la suite? Aurait-elle hésité à y faire le vide par la transplantation de la population, elle qui a pratiqué avec la dernière brutalité le système des camps de concentration au Transvaal, où elle n'avait aucun droit de se trouver? Aurait-elle hésité à ramener la population au loyalisme à coups de fouet et de baïonnette, elle qui, entre autres mesures ultra-civilisées de répression lors de la révolte des cipayes aux Indes en 1856, faisait attacher les insurgés à la bouche des canons dont la mitraille les mettaient en pièces; elle, dont les troupes se servent de balles «doum-doum» dans leurs expéditions «punitives» contre les tribus frontières de ses possessions asiatiques et africaines, parce que «c'est le seul moyen d'arrêter ces bougres d'indigènes» et qui achèvent les blessés, «parce qu'avec ces gaillards-là, on ne peut jamais être sûr qu'ils ne vous lâcheront pas une balle, même dans les affres de la mort» ; elle, qui a noyé plusieurs ports chinois dans le sang pour faire entrer de force dans l'Empire du Milieu l'opium, contre les ravages duquel celui-ci voulait se garantir?

Que n'aurait-elle pas fait aux Indes où, en dehors des méfaits de son régime dans le domaine de la justice supérieure et de la haute humanité, un piou-piou peut tuer un indigène à coups de botte dans un accès de colère en état d'ivresse, sans subir d'autre châtiment que le renvoi en Angleterre?

Que n'aurait-elle pas fait en Egypte, où ce dont elle est capable peut être estimé en se rapportant à l'abominable incident de Denshawouai, où quatre indigènes furent pendus haut et court dans les trois jours, parce qu'un officier anglais perdit la vie dans une bagarre provoquée par lui et ses compagnons de chasse et cela, malgré le rapport du docteur anglais chargé de l'enquête médicale, où sa mort était attribuée à un coup de soleil et non aux coups qu'il avait reçus sur la tête?

Il serait puérile de nier que les Anglais sont une très grande nation se trouvant dans les premiers rangs de la civilisation et se gouvernant *eux-mêmes* d'après des principes admirables. Il y a lieu également d'admettre que même dans leur administration des pays qu'ils ont subjugués, ils témoignent, en thèse générale, d'un grand respect pour la justice et l'humanité ordinaires. Mais, il n'est pas vrai, comme ils prétendent, que dans leurs relations avec ces pays, ils ne se basent plus sur le droit de conquête, ce qu'ils pourraient fort bien avouer, puisque c'est un droit généralement admis et qu'ils n'agissent qu'en tuteurs et instructeurs, voués à la noble tâche de les préparer à l'indépendance. C'est si peu vrai, qu'on les voit réprimer assidûment, en invoquant toutes espèces de raisons spécieuses, les très louables efforts des indigènes pour sortir de l'ignorance qui est la principale source de leurs maux et la première cause de leur état arriéré. Aussitôt que ces efforts tendent à les élever à un niveau d'instruction qui leur permettrait de s'affranchir de leur domination, les Anglais y font opposition en déclarant que le pays court à la démoralisation. En réalité, ils pratiquent de propos délibéré l'obscurantisme dans leurs possessions. Généralement parlant, lorsqu'il s'agit du maintien de leur domination, lorsque par exemple, leur prestige est en cause, ils font preuve d'une insensibilité officielle et privée, d'une rigueur, d'un arbitraire qui font contraste avec leur conduite ordinaire. Quant aux progrès matériels qui ont suivi leur occupation de leurs domaines asiatiques et africains — mais pas celle de l'Irlande comme on l'a vu — c'est le résultat automatique d'une civilisation supérieure opérant dans des pays arriérés ou en décadence et dont quelques-uns, l'Egypte par exemple, sont dotés d'admirables ressources naturelles. Même ici, ils sont guidés par un égoïsme féroce, comme quand ils sacrifient les intérêts industriels des Indes et de l'Egypte, c'est-à-dire de 400,000,000 d'individus, à l'avidité de Manchester et de Birmingham.

C'est un fait : aussi longtemps que l'Angleterre ne se trouve pas aux abois dans la poursuite ou la défense de ses intérêts supérieurs — sa domination, son commerce, son industrie — elle ne transgresse pas les lois de l'humanité et de la justice, mais qu'il s'agisse d'un cas exigeant le recours aux mesures extrêmes et elle est prête à n'importe quoi, faisant, du même coup, sortir la bible de son casier, en citant les paroles de Dieu lui-même. C'est un Anglais, Lord Roberts, l'homme le plus doux et le plus affable dans le commerce ordinaire, qui, se trouvant acculé comme commandant en chef dans l'Afrique du Sud, à une situation à peu près désespérée, énonça le premier la maxime militaire que «c'était servir les intérêts de l'humanité, «que d'avoir recours aux mesures de la plus extrême «rigueur contre l'ennemi, puisque de cette façon, on «pouvait espérer hâter la conclusion de la paix et sau«ver l'un et l'autre des belligérants de la plus grande «calamité de toutes: la guerre». C'est en vertu de cette maxime que son successeur, Lord Kitchener, pratiqua le fameux système des camps de concentration. Si ce moyen ne lui avait pas procuré la victoire, il se serait sans doute adressé à l'empoisonnement des eaux, à l'empalement, à Dieu sait quoi encore, toujours au nom de l'humanité, les révérends dans la métropole se tenant prêts à le justifier, en citant les textes sacrés, comme quand l'Angleterre adopta son cruel plan d'affamement contre les Puissances Centrales.

Mentionnons à cette occasion un autre trait de la psychologie politique de l'Angleterre. Elle s'insurge avec une vertueuse indignation contre la tendance de l'Allemagne, qu'elle honore d'une haine spéciale, d'étendre son influence dans le monde, ce qui, pourtant, est le droit de toutes les nations et en particulier de celles qui ont conscience de leur puissance civilisatrice. Que non, riposte l'Angleterre, cette action n'est permise que quand elle revêt la forme d'une pénétration intellectuelle, morale ou commerciale. Et c'est là l'argument d'une Puissance dont on ne peut nier les très grands services rendus à l'humanité, mais dont la position dominante dans le monde repose essentiellement sur la conquête et l'appropriation frauduleuse de territoires pratiquée systématiquement depuis trois cents ans, sur la maîtrise des mers — maîtrise à laquelle elle s'accroche de toutes les forces de son être — et sur un système de bases navales, de stations de charbon, de câbles, d'agences télégraphiques et de presse qui enveloppe le globe dans son étroit réseau. A supposer même que l'agrandissement territorial fasse partie des plans de l'Allemagne d'une façon générale et par rapport à la guerre actuelle, est-ce à l'Angleterre de lui reprocher cette ambition, elle, qui détient un cinquième du globe comprenant quelques-unes de ses plus belles parties ? A supposer encore que l'intervention allemande en Courlande soit un moyen détourné qu'elle emploie pour s'y installer à demeure, l'annexion de l'Egypte par l'Angleterre n'est-elle pas un exemple antérieur — on pourrait en citer cent — d'une occupation de territoire sous de faux prétextes et par ruse ? Il est permis à l'Angleterre de former le plan d'établir un chemin de fer parcourant l'Afrique d'un bout à l'autre et de réunir par les rails Calcutta et Koweit. Il lui est permis de ceindre le globe d'une ceinture de stations navales et autres. Il n'y a en cela rien que de très légitime et de très louable. Mais que l'Allemagne s'avise de songer à mettre Berlin en communication par voie ferrée avec Bagdad, tout de suite l'Angleterre met le monde sur ses gardes : on se trouve en présence d'un *leo quem devoret querens*. Mettant en avant une théorie qui lui convenait à cause de la situation mondiale de son commerce qu'elle croyait à l'abri de toute concurrence, elle contestait à l'Allemagne le droit d'aspirer à un rôle politique dans les pays où les intérêts commerciaux de celle-ci n'étaient pas encore établis comme au Maroc, en Chine et ailleurs. Lorsque l'Allemagne, qui pouvait lui répondre que c'est précisément parce qu'elle voulait se créer une situation économique dans ces parages qu'elle cherchait à s'y faire au préalable une situation politique, eut réussi à déloger le commerce anglais de positions réputées inexpugnables et qu'elle eut commencé à le menacer en Angleterre même, celle-ci, se voyant incapable d'arrêter sa rivale par la concurrence pacifique, eut recours à la guerre pour l'écraser. Quand l'Angleterre prétend que l'Allemagne vise à l'asservissement du monde — ce qui serait, en tout cas, une politique erronée — elle parle d'une situation problématique à venir. L'Angleterre, elle, vise à maintenir le monde dans sa sujétion politique et économique, ce qui est une situation de fait, existant dans le présent. Toute la belle rhétorique, toutes les phrases ronflantes des Alliés ne suffisent pas à cacher le fait que la calamité qui a surpris l'humanité est, en premier lieu, l'expression d'un effort désespéré de la part de l'Angleterre de défendre, les armes à la main, son exorbitante prépondérance contre l'accroissement *automatique de la puissance allemande.* C'est la réaction de la veulerie, de la suffisance et de la jouissance dérangées dans leur sécurité contre l'énergie, la méthode, la science et l'inlassable travail. Personne ne sait ce à quoi aboutira le triomphe aujourd'hui assuré de l'Allemagne, pas même elle. Mais ce qui est certain, c'est qu'il libérera le monde de l'hégémonie nettement définie de l'Angleterre, dont la paralysante action sur les autres pays s'est manifestée au cours de la guerre actuelle.

Ce n'est pas à dire qu'en thèse générale, la conduite de l'Angleterre soit plus arbitraire ou plus inhumaine que celle des autres puissances. Mais ce qui est intolérable, c'est l'*hypocrisie* qui l'accompagne. Il faut absolument qu'elle cherche à se représenter comme mue par des sentiments plus élevés que ses voisins et à donner à ses actes les plus abominables en eux-mêmes, les apparences de gestes nobles et vertueux. Mais qu'est-ce qui l'oblige donc à jouer cette odieuse comédie, puisque personne ne prétend être meilleur qu'elle ? Ne peut-elle se conten'er de la supériorité sociale qui est l'apanage de l'Anglais individuel, qu'on s'accorde très généralement à classer comme le type le plus achevé de l'humanité ?

Ayant fait cette concession à un ennemi qui lui, s'acharne à accabler ses adversaires de calomnies et d'insultes, reprenons le fil de notre exposé.

Dans la grande République Nord-américaine qui se pose en gardienne des lois de l'humanité et du droit et qui prétend même être entrée dans la guerre pour les défendre, on «lynche» bon an mal an quelques centaines de nègres et même à l'occasion quelques dizaines d'Italiens; c'est-à-dire que le peuple, s'érigeant en juge et vengeur de certains crimes attribués à ces individus, s'empare des prévenus, les attache à un arbre, les inonde de pétrole et les brûle vifs [1]). Que ne ferait pas cette nation si, se trouvant engagée dans une guerre avec le Japon où son existence même serait en jeu, les

---

[1]) Il n'y a pas de cas où un seul des meneurs dans ces substitutions de la vindicte privée à la justice publique, qui ont fini par faire partie du droit coutumier de l'Amérique, ait eu à répondre de son crime devant les autorités.

descendants de ces nègres qu'elle avait achetés pendant des siècles aux trafiquants en chair humaine et que, jusqu'en 1863, elle avait odieusement maltraités [1]), cherchant à se venger de tout le mépris et de toutes les injustices passées et présentes dont ils ont été et sont encore victimes de la part des blancs, se soulevaient d'accord avec les Japonais, brûlant et massacrant tout sur leur passage? Demandez aux Américains eux-mêmes — il y en a beaucoup qui reconnaissent les torts de leur pays, ce en quoi ils diffèrent des Anglais — qui vous diront qu'il ne resterait pas beaucoup de ces bêtes immondes, comme on appelle les nègres là-bas, pour pleurer le sort des autres.

Voilà pour la Russie, l'Angleterre et les Etats-Unis, la première sans doute imparfaitement policée encore, mais les deux autres éminemment civilisées et toujours prêtes à parader dans ce rôle, tandis que la Turquie reconnaît honnêtement l'insuffisance de sa culture. N'y a-t-il pas là une excuse pour ses défaillances qui manque à ses orgueilleux détracteurs?

Faut-il chercher d'autres termes de comparaison et parler de l'Italie, l'Italie de l'expédition tripolitaine, où il n'y a pas de défi qu'elle n'ait porté à la décence politique, au droit et à l'humanité?

---

[1]) L'esclavage a existé en Turquie aussi, mais il y était caractérisé par une douceur et une bienveillance de la part des maîtres qui formaient un contraste frappant avec l'abominable cruauté qui accompagnait ce régime aux Etats-Unis et dont Mme Becker-Stowe, elle-même Américaine, a donné une si poignante description dans la *Case de l'oncle Tom*. Aussi le décret d'émancipation fut-il salué en Amérique par des manifestations d'une joie délirante de la part des nègres. En Turquie, quand on les eut déclarés libres, la plupart d'entre-eux refusèrent de quitter leurs maîtres.

Oublie-t-on qu'ayant proclamé la Lybie possession italienne avant d'y avoir mis les pieds, elle prétendit avoir le droit de traiter en rebelles les indigènes défendant leur sol natal, en qualité d'authentiques sujets ottomans, et dont les très vaillants généraux ayant capturé la ville sans défense de Tripoli, ripostèrent au soulèvement de la population, en la faisant réunir en masse compacte au centre de la ville et en la faisant mitrailler à bout portant, jusqu'à ce qu'elle ne donnât plus signe de vie?

Parlerons-nous de la France, cette France «protectrice des nations faibles et opprimées», qui ayant conquis l'Algérie au mépris de tout droit et ayant eu recours à toutes les formes de la violence et aux moyens les plus inhumains pour étouffer l'insurrection d'Abd-El-Kader, réaction indigène parfaitement justifiée par l'iniquité de son régime — le maréchal Bugeaud, ce second Bayard, ne fit-il pas enfumer un gros groupe d'insurgés qui s'étaient réfugiés dans une caverne? — livrant la population indigène à une bande de vautours se décorant du nom de colons qui, à la faveur de fantastiques lois d'exception et de l'appui gouvernemental, se mirent à la pressurer, à la refouler à l'intérieur et, généralement parlant, à l'exploiter et à la maltraiter d'une façon rappelant de près l'ancien régime colonial de l'Espagne[1]? En vérité, il y a là un bel exemple des «*gesta Dei per Francos*».

Citerons-nous la Belgique, dont l'atroce traitement des indigènes au Congo, pratiqué systématiquement dans le but sordide d'augmenter la pro-

---

[1]) Voir un article à ce sujet de M. Ali Bach Hamba dans la *Revue politique internationale* de juillet-septembre 1917.

duction de l'ivoire et du caoutchouc, n'est que l'expression d'une politique consistant à mettre un gain supplémentaire de quelques francs au-dessus de la conservation d'une vie humaine, ce qui constitue un scandale dépassant de beaucoup celui de la traite des nègres, dont la suppression a été définitivement établie par une convention signée précisément dans sa capitale?

Ou bien, étendant le cercle de nos investigations sur la nature humaine, telle qu'elle se révèle dans les collectivités nationales aux prises avec l'intérêt et l'ambition, parlerons-nous de l'expédition contre les Boxers, où toutes les Grandes Puissances de l'Europe, ainsi que l'Amérique et le Japon étaient représentées par des contingents de choix et où les actes de brigandage et de vandalisme, l'assassinat et le viol étaient à l'ordre du jour?

Une question encore. Qu'est donc le plan d'affamement appliqué aux Puissances Centrales par l'Angleterre, maîtresse des mers, et les pays à sa remorque? Qu'est-elle donc cette mesure infâme, sinon l'application d'une mort d'autant plus cruelle qu'elle est lente pour des centaines de milliers d'individus, dont le seul tort est d'être les compatriotes des héroïques soldats turcs, allemands, autrichiens et hongrois, que cette formidable coalition qu'est l'Entente, renforcée de toutes les peuplades sauvages de l'Afrique et de l'Asie, n'arrive pas à vaincre par les armes et qu'elle cherche à réduire en les attaquant dans leurs foyers, c'est-à-dire dans la personne de leurs femmes et de leurs enfants? C'est au bas mot 200,000 Libanais et Syriens et 100,000 Arméniens, sans parler des musulmans auxquels l'exquise compassion occidentale refuse à s'étendre, qui ont péri victimes de cette mesure. *Et l'Entente a l'audace de demander compte de la mort de ces malheureux à la Turquie!!!*

Quand les «Alliés», usurpant le rôle de juges de la Turquie, la proclament indigne de figurer parmi les nations civilisées, parce qu'elle a mis la préservation de son existence au-dessus de certaines lois d'humanité et que la populace musulmane et les agents subalternes de l'autorité ont appliqué aux Arméniens la loi du Talion, ils n'ont pas l'air de se douter que c'est en même temps leur propre condamnation et celle de tout l'Occident qu'ils proclament.

Puisque la nécessité militaire ne connaît pas de loi; puisque c'est là un principe qui a cours surtout parmi les nations civilisées et auquel l'Entente a donné sa plus extrême signification pendant la guerre actuelle, pourquoi donc la Turquie ne serait-elle pas admise à en bénéficier?

L'Entente accuse la Sublime-Porte d'avoir cherché à profiter du bouleversement politique causé par la guerre pour supprimer la question arménienne, en exterminant les Arméniens. A supposer que les dirigeants ottomans aient réellement conçu et cherché à mettre en pratique un pareil plan, ils n'auraient pas été plus loin que l'Entente avec sa mesure d'affamement qui vise la population civile tout entière des Puissances centrales, c'est-à-dire des femmes et des enfants, des vieillards et des malades. De fait, en a-t-il été ainsi? Un moment de réflexion fera ressortir l'absurdité de cette accusation. Le triomphe des Puissances Centrales dans la guerre actuelle, devait avoir pour effet d'écarter la question arménienne automatiquement de la liste des problèmes diplomatiques internationaux. Leur défaite devait entraîner la disparition de la Turquie elle-même. Dans ces conditions, exterminer les Arméniens n'eût été qu'une sanglante bêtise. D'autre part, on voudra bien admettre qu'il existe encore des centaines de milliers d'Arméniens ottomans. Donc, il n'y a pas eu extermination. Or, la Sublime-Porte était en mesure de savoir que la survivance de quelques milliers d'Arméniens seulement eût suffi pour faire durer la question arménienne, question artificiellement créée et qui n'est qu'un prétexte à la poursuite de buts inavouables n'ayant aucun rapport avec les intérêts de cette race. Alors, ayant commencé à exterminer, pourquoi s'arrêter en route? Est-ce par crainte de l'opinion publique ou par un réveil tardif de la conscience? Mais, il y a un degré dans le crime où la responsabilité devant Dieu et les hommes ne peut être dépassée. Faire massacrer 800,000 êtres humains ou 1,500,000 ou 10,000,000, c'est tout un, au point de vue de l'odieux encouru et du châtiment mérité.

Non, les Turcs ne sont pas des barbares. La vérité est tout autre en ce qui les concerne.

La civilisation mécanique et la science peuvent leur manquer. Mais par le cœur, l'esprit naturel et les manières, ils sont un peuple aussi raffiné, peut-être plus raffiné, que ceux qui font métier de le mépriser. Une de leurs principales qualités comme peuple et comme individus est leur empire sur eux-mêmes. Pour qu'ils perdent l'équilibre et se livrent aux instincts de brutalité primitive qui sommeillent au fond du cœur de l'humanité même la plus policée, il faut qu'ils se soient trouvés en butte à des provocations prolongées et dont pas un autre peuple ne supporterait la moitié. La guerre n'est pas faite pour adoucir les mœurs. Pourtant, dans leurs combats aux Dardanelles, à Kout-el-Amara et ailleurs, ils ont fait preuve d'une humanité et d'un esprit chevaleresque qui ont fait l'admiration de leurs ennemis et que ceux-ci n'ont pu s'empêcher d'exprimer publiquement. Et dans leur traitement des prisonniers de guerre et des sujets des Puissances ennemies restés chez eux, quel est le pays belligérant qui a été aussi généreux qu'eux? L'Angleterre et la France insultent et accablent d'avanies les combattants ennemis tombés entre leurs mains. Elles ne savent parler des Allemands qu'en les qualifiant de «Boches» et de «Huns», par quoi elles oublient qu'elles se dégradent elles-mêmes, sans réussir à porter atteinte à la grandeur germanique, dont les prodigieuses manifestations dans le domaine de la pensée et de l'action, défient ces haineuses attaques, grâce auxquelles la réputation des Anglais d'être en tout des «sportsmen» a misérablement sombré. A Paris, à Bordeaux, à Lyon, les sujets allemands payeraient de leur vie une promenade dans la rue. On ferme leurs magasins quand on ne les pille pas. La Turquie installe le Général Townsend dans une villa à Prinkipo, où il est l'objet de tous les égards. A Smyrne, à Beyrouth, à Constantinople, les boutiques françaises et anglaises restées ouvertes continuent à faire un commerce florissant. Français, Anglais et Italiens circulent librement et sont l'objet d'un redoublement de politesse et de prévenances. C'est au point qu'on peut se demander si cette attitude ne procède pas d'une altération du jugement. Ils continuent à exercer leurs fonctions dans les administrations publiques, celle de la Dette, par exemple. On les voit dans les cafés, dans les casinos, dans les restaurants, dans les théâtres. Ils sont admis comme par le passé à fréquenter les clubs. Comment répondent-ils à ces procédés généreux et délicats? Par le dénigrement et l'abus de confiance. Nous jugeons superflu de continuer la comparaison.

Résumons: l'historique que nous avons fait des rapports entre Turcs et Arméniens montre la propagande russe à l'œuvre parmi ces derniers, dès la moitié du XIXe siècle et produisant un mouvement révolutionnaire qui prend une forme organisée après la guerre turco-russe, sous la direction de nombreux comités, dont le Dachnak et le Hintchak sont les plus militants. Le but de ces comités est de rompre les liens unissant les Arméniens aux Turcs dans une commune sujétion à un Empire, où la loi du vainqueur a été appliquée par les seconds aux premiers avec une mansuétude qui doit faire l'étonnement des siècles. Pourvus d'une forme d'*autonomie* d'autant plus compréhensive qu'elle reposait sur leur organisation ecclésiastique, s'étendant d'un bout de l'Empire à l'autre, de sorte que chaque individu de cette race qui avait cessé de former une unité géographique, en profitait où que fût son domicile; les Arméniens ont pu se développer librement au point de vue ethnique, culturel et religieux. Sans autre grief que la mauvaise administration de l'Empire, qui pourtant ne les avait pas empêchés de jouir d'un degré considérable de prospérité, la masse du peuple arménien résista pendant longtemps aux moyens de persuasion ou de violence employés par les comités pour la débaucher. Finalement, elle succomba à l'action de ces organisations nationales composées d'ambitieux, de détraqués et de forcenés et soutenus par des Puissances agissant dans un but égoïste, ce qui était surtout le cas de la Russie et de l'Angleterre. Rompant avec les traditions séculaires d'un honorable loyalisme, issu sans contrainte des bienfaits de la domination turque et dûment apprécié par le gouvernement impérial, ils se mirent à caresser le rêve d'une autonomie territoriale, qui, si elle devait être réalisée, serait non seulement un non-sens politique, mais un acte de flagrante injustice envers l'élément musulman, de beaucoup plus nombreux depuis huit siècles que l'Arménien dans les régions réclamées comme siennes par celui-ci.

A partir de cette date, s'identifiant avec leurs organisations nationales dont toutes, même celles décorées des noms les plus rassurants, constituaient des centres d'une action violemment révolutionnaire, ils participèrent à la campagne contre l'Etat que les comités avaient soutenue depuis une trentaine d'années, en se servant des armes les plus abominables, la rébellion armée, les attentats de toutes espèces, la trahison, la calomnie et le mensonge érigées à l'état de principes.

La guerre actuelle, dont les comités profitèrent avec fureur comme de l'occasion suprême pour l'insurrection générale dont ils avaient formé le plan après la guerre balkanique, mit en évidence la participation de toute la population arménienne, sauf peut-être quelques dizaines de milliers d'individus, à l'entreprise subversive de ses chefs, dont la persévérance et la résolution malgré des échecs réitérés, étaient dignes d'une meilleure cause. Aux crimes qui avaient signalé leur activité jusqu'alors et qu'ils continuèrent à pratiquer avec une intensité redoublée, vinrent s'ajouter toutes espèces d'opérations dirigées contre les préparatifs militaires de la Turquie, la désertion en masse et par entente, la rébellion et la collaboration avec l'ennemi, même avant l'explosion des hostilités entre celle-ci et la

Russie. Jusqu'alors, sauf un intervalle d'une dizaine d'années sous le règne d'Abdul-Hamid, le gouvernement impérial n'avait répondu à ces manifestations de plus en plus attentatoires à la sécurité de l'Etat de la race dominante que par l'indulgence, la tolérance et des efforts persistants de conciliation. Mais ayant enfin reconnu qu'il se trouvait en présence d'un élément d'hostilité dont rien ne viendrait à bout et usant du droit de *légitime défense*, il décida enfin de le combattre avec d'autant plus de rigueur *qu'il s'était mis hors la loi* et que l'état de guerre où le pays se trouvait ne lui permettait pas les ménagements. Nous le répétons : ce qui devait arriver, arriva.

MASSE DE TÉMOIGNAGES CONTRE LES ARMÉNIENS

Si, après avoir lu le présent exposé de la question turco-arménienne, il se trouve encore quelqu'un pour douter que les Arméniens eux-mêmes et leurs patrons occidentaux ont été les artisans de leur malheur, nous les renvoyons à la masse écrasante de témoignages qui existent contre eux. Ils se trouvent dans l'action des Comités depuis 1880 jusqu'avant la guerre — action qui constitue un formidable argument *a priori* contre eux — et, après l'explosion de la guerre, dans les colonnes de la presse arménienne elle-même, dans les circulaires et instructions secrètes des Comités, dans les déclarations des hommes d'Etat de l'Entente, dans les rapports des deux consuls de Russie en fonctions dans différentes villes de l'Anatolie orientale, dans les aveux de beaucoup d'Arméniens agissant sous l'influence soit de la vantardise, qui est un trait caractéristique de la race[1]), soit du désir de se faire bien voir de l'Entente, soit de la naïveté; dans les rapports des commandants turcs et dans les dépositions faites sous serment par une foule de musulmans, victimes ou témoins de la férocité des Arméniens. On en trouvera une sélection dans le *Recueil de documents* annexé à ce travail.

Et après avoir accordé créance à tout ce que les Arméniens ont avancé de pire contre la Turquie, qu'on ne vienne pas nous dire que les contre-accusations du gouvernement ottoman et de la population musulmane sont sujettes à caution. S'il y a intérêt du côté turc à pervertir la vérité, on peut en dire autant du côté arménien. Or, les ouvrages qui font autorité en ce qui concerne la Turquie, sont tous d'accord pour rendre hommage à la véracité du Turc et à déplorer l'absence de cette vertu chez ses compatriotes chrétiens. En tout cas, dans la question turco-arménienne, les Comités ont élevé le mensonge et la fourberie au rang de science et d'art.

---

[1]) «Depuis quelque temps, les Arméniens des villes ont commencé à prendre certaines habitudes spéciales. Tout Arménien qui a passé par une école, même élémentaire, fait étalage d'opinions profondes sur la politique suivie par sa nation. Le désir de gloire et de grandeur, la prétention d'être seuls à avoir des opinions justes, l'idée que si les Arméniens n'occupent pas une place importante dans la politique, c'est parce qu'ils se trouvent sous la domination turque, existent chez chacun d'eux? . . . . Le principal souci de l'Arménien de nos jours est d'être orateur à effet. Beaucoup d'Arméniens paisibles ont souffert par la faute de ces hâbleurs, ignorant tout des besoins de la nation, et l'on peut dire que parmi les révolutionnaires morts en Turquie, on ne rencontre aucun vrai patriote . . . .»

Général Maytewsky.

Le moment est arrivé de nous occuper de la publication de *Lord Bryce* sur la question turco-arménienne. C'est une collection de documents soi-disant réunis par lui-même et publiés sous la forme d'un Livre bleu ayant pour titre: *Traitement des Arméniens dans l'Empire ottoman.*

Ce factum est représenté par son auteur putatif et trois messieurs, dont deux Américains, à l'appréciation desquels il a été soumis — mais qui, en toute probabilité, ne se sont pas donné la peine de porter leur attention à travers son volumineux contenu et ne savent certainement pas un mot de la thèse turque —, comme constituant un formidable acte de condamnation de la Turquie. Voyons ce qu'il en est en réalité.

Et d'abord, qui est Lord Bryce? Il est surtout connu comme auteur de «La Cité américaine» (The American Commonwealth). Il y a dans cet ouvrage une manifestation intellectuelle d'une valeur considérable. Mais en tant que personnalité politique et privée, Lord Bryce est connu pour son aveugle hostilité contre l'islamisme et la Turquie. Pour le reste, adressez-vous à ses compatriotes qui certainement ne vous diront pas qu'il est précisément un ornement de la Chambre des Lords ou de la société britannique.

Dans sa publication — nous ne saurions donner à ce fatras le nom d'œuvre — il a, de propos délibéré, poursuivi le but de faire condamner toute une nation et une grande et auguste religion, dont plus de cent millions de sectateurs vivent sous la domination anglaise. Il ne s'est nullement soucié de fournir au public des éléments lui permettant de se faire une opinion sur un point d'histoire contemporaine de la plus haute importance. Sa collection est exclusivement composée de documents signalant des atrocités turques. Nous avons déjà admis que des excès avaient été commis du côté turc. Lord Bryce prétendrait-il qu'il n'y en a pas eu du côté arménien et qu'ils n'ont pas été les premiers à se produire? Si oui, nous ne l'accuserons pas de mauvaise foi, mais nous dirons qu'il ne s'est pas donné la peine d'étudier la question sous sa double face, ce qui est matière à de graves reproches pour un homme dans sa situation, qui, n'étant ni Turc ni Arménien, est intervenu au nom de la Vérité et de la Justice. Sinon, comment se fait-il qu'il ait omis d'insérer dans sa compilation contenant cent quarante-neuf dépositions contre la Turquie, tout au moins les plus importantes de celles qui accusent les Arméniens? Il s'agit ou d'ignorance — ignorance impardonnable — ou de partialité.

Le résumé historique qui forme le dernier chapitre de cette compilation, qui est dû à la plume de l'*Editor* (reviseur et annotateur) Mr. Arnold J. Toynbee, qualifié par Lord Bryce de «jeune historien de haute distinction académique», a aussi le caractère d'une thèse *ex parte*. Il fallait s'y attendre. Tel auteur, tel *editor*.

Mr. Toynbee, qui voudrait se donner des airs d'impartialité, en faisant quelques concessions de détail à la Turquie, est tellement prévenu contre elle qu'il dit ce qui suit de l'organisation des éléments non musulmans en communautés autonomes: «Le gouvernement exclut les chrétiens si complètement de la cité dominante, qu'il toléra et encouragea même ceux-ci à former des communautés distinctes. Les «Rayas» devinrent des «Millets» — pas des bœufs de trait, mais des troupeaux désenchaînés —.» L'*Editor* ne sait pas ou préfère ne pas mentionner le fait que ces institutions prirent leur source dans la difficulté d'établir une législation s'adaptant également aux besoins des musulmans et des chrétiens, à cause des différences radicales dans leurs statuts personnels et que Mehmed II, le conquérant de Constantinople, après avoir délibéré sur la question de savoir s'il devait convertir de force à l'islamisme ses sujets chrétiens formant alors la majorité dans son Empire [1]) ou adopter quelque autre base pour l'existence future de celui-ci, adopta finalement la généreuse décision de leur permettre de s'administrer eux-mêmes.

Nous avons cité Mr. Toynbee, un historien qui paraît être brouillé avec l'histoire, en tout cas en ce qui concerne la Turquie.

Nous consulterons maintenant *Mr. M. P. Brown*, qui a passé plusieurs années en Turquie comme Chargé d'Affaires d'Amérique et s'est soucié d'étudier attentivement la condition des étrangers et des chrétiens en Turquie avant de s'aventurer dans une publication à ce sujet, ce qu'il a fait du reste dans un esprit d'impartialité que Mr. Toynbee devrait lui envier en sa qualité de confrère. Voici ce que dit l'auteur américain, aujourd'hui professeur de droit international à l'université de Princeton, par rapport à l'origine et au fonctionnement des communautés chrétiennes en Turquie comme *Millets*, dans son livre précédemment mentionné, *Les étrangers en Turquie — Leur statut juridique* : «Le principal souci de Mehmed le Conquérant, immédiatement après la prise de Constantinople, fut l'établissement d'un

[1]) Mehmed le Conquérant fit preuve d'une telle largeur de vue et de tant de libéralisme dans son organisation de l'Empire, que plusieurs historiens ont été jusqu'à lui attribuer l'intention, à un moment donné, de passer au christianisme avec tout son peuple. Cette supposition est apocryphe.

système d'administration qui épargnerait au gouvernement d'inutiles embarras et qui conviendrait aux besoins de ses sujets nouvellement conquis.»

«Son idée était extrêmement simple. Elle visait à laisser les Grecs dans la plus entière jouissance de leurs propres lois et coutumes, sous le contrôle responsable du Patriarche qui devait leur servir d'intermédiaire ou d'ambassadeur auprès de la Sublime-Porte. . . .

«Il accorde également au Patriarche, dans une forme solennelle, une juridiction presque illimitée sur les membres de la «nation» grecque. . . .

«Plusieurs Sultans successifs confirmèrent explicitement la Charte de la communauté grecque et sauf quelques retranchements rendus inévitables au cours de quatre siècles et plus, ces pouvoirs exceptionnels sont encore exercés par le Patriarche grec, de même que par les chefs des autres communautés qui obtinrent plus tard la même concession.

«Quoique les fonctions judiciaires des *Milletbachis* (chefs de communauté) aient été graduellement réduites à des questions affectant principalement le statut personnel des membres des différentes communautés, telles que mariage, divorce, douaire et héritage, la tendance de ces communautés à maintenir une solidarité nationale et un exclusivisme politique a été très marquée. La perception des taxes s'est habituellement faite par l'entremise des chefs des *Millets* [1]), un arrangement qui, tout en convenant au gouvernement et à ses sujets non musulmans, sert à marquer très nettement leur statut juridique de nation tributaire, sous la suzeraineté

[1]) Ce système a été supprimé. Il était en contradiction trop flagrante avec les principes de l'Etat moderne.

du Sultan. L'humiliante taxe de capitation (kharadj), précédemment perçue des chrétiens comme marque de soumission, de même que la dénomination offensante de *rayas* (bétail) a été abolie. A sa place a été substituée, en 1856, la taxe d'exemption militaire (Bedel-i-arkérié) qui retombe naturellement presque exclusivement sur les sujets non musulmans, à cause de l'indisposition des Turcs à incorporer des infidèles dans l'armée et, d'autre part, à cause de l'indisposition des non musulmans à servir dans celle-ci. . . .

«On ne peut s'attendre à ce qu'un état de chose tellement anormal — l'existence de véritables «*imperia in imperio*» — puisse durer indéfiniment. Mais, en ce qui concerne les immunités de juridiction dans les affaires concernant le statut personnel des sujets non musulmans, qui furent octroyées spontanément par Mehmed le Conquérant, à titre d'acte d'homme d'Etat pratique, il semblerait que ces privilèges continueront à exister longtemps encore.

«La raison pour la perpétuation de ces privilèges se trouve en dernière analyse dans le fait que le musulman confond race, religion et loi. Le *Shéri* — l'union du Coran et de la loi sacrée — est la base de toute loi et législation musulmane sur une immense variété de sujets [1]). Ses prescriptions, tant en ce qui concerne les droits que les devoirs, ne peuvent s'appliquer *in toto* qu'aux sectateurs du Prophète. Si cela est vrai dans de telles affaires que celles du statut personnel, c'est qu'alors les non musulmans, de même que les musulmans, doivent

---

[1]) Les réformes successives apportées dans l'organisation de l'Etat ottoman ont réduit la juridiction du *Shéri* au point qu'aujourd'hui le droit civil règne sans partage dans l'Empire, sauf dans les questions de statut personnel.

jouir de la permission d'observer leurs propres lois et coutumes.

«Ainsi, Mehmed le Conquérant a pu être mû par des considérations de tolérance et de sagesse politique en accordant des privilèges si étendus à ses sujets conquis, mais il était préoccupé, en même temps, de résoudre un problème spécial ayant son origine dans la conception musulmane de l'identité de l'État et de la religion....

«La solution de ce problème à laquelle le Sultan Mehmed arriva en accordant des immunités à ses sujets chrétiens, peut donc être considérée en somme comme sage et satisfaisante....»

Voilà l'opinion de M. Brown qui est basée sur l'étude des faits et non sur des préventions. A laquelle des deux, celle-ci ou celle de Mr. Toynbee, le lecteur se trouve-t-il amené à donner sa préférence?

Quant à l'assertion de cet ex-étudiant d'Oxford qui usurpe si facilement le titre d'historien, que les *Millets* sont exclus de la faculté de donner expression à leurs conceptions politiques, elle est encore parfaitement erronée, tant en ce qui concerne leur existence particulière, que celle de l'Etat. Mr. Brown a expliqué combien ces corporations nationales étaient libres d'affirmer leur individualité politique et combien elles étaient préoccupées elles-mêmes, de vivre une vie à part. En ce qui concerne le fonctionnement politique de l'Etat, la Constitution de 1908 leur a octroyé les mêmes droits d'initiative et de critique qu'aux Turcs, précédemment tout aussi impuissants qu'eux vis-à-vis du Trône, droit dont ils ont fait abondamment usage. A supposer même que les non-musulmans fussent privés de ces droits, ce n'est pas à Mr. Toynbee, Anglais, d'en faire un reproche à la Turquie, étant donné que les sujets conquis dans la plupart des Etats impérialistes de l'Occident n'en jouissent pas, ce qui est notamment le cas aux Indes, possession britannique, dont les 400,000,000 d'habitants ne participent à aucun titre, à l'administration de l'Empire «où le soleil ne se couche pas».

Dans la même mesure où Mr. Toynbee s'ingénie à déprécier la politique libérale et tolérante de la Turquie envers ses sujets chrétiens, il s'est donné pour tâche de supprimer la vérité en ce qui concerne l'attitude des Arméniens en réponse à celle-ci. Pas un mot dans son résumé «historique» sur leur campagne révolutionnaire et leurs féroces méthodes d'action. Pas un mot sur leurs efforts persistants dans ce sens, qui commencèrent immédiatement après la guerre turco-russe, continuèrent sans relâche jusqu'à celle d'aujourd'hui et prirent leur plein essor après son explosion.

En un mot, l'apparition de Lord Bryce et de son *Editor* sur la scène, est celle d'acharnés partisans arméniens, parfaitement indifférents à l'équité et à la vérité historique. Manifestement, ils se sont constitué en avocats des Arméniens, à la cause desquels — cause révolutionnaire, mais privée de toute base légitime — ils ont sacrifié l'exactitude et le droit. Ces Messieurs, qui ont pris position dans la question turco-arménienne au nom de la justice et de l'humanité, auraient été plus heureusement inspirés si, laissant de côté celle-ci, ils avaient pris en main la défense des Polonais et des Juifs de Russie dont le traitement constituait un réel cas d'intervention, ou si, regardant un peu plus près de chez eux, ils avaient plaidé en faveur des Indiens et des Irlandais.

Voilà pour le caractère général de la démonstration anti-turque de Lord Bryce. Il nous semble qu'elle est suffisamment viciée par l'esprit sectaire pour ébranler les préventions en faveur de son volume, créées par une fausse appréciation de l'importance de ce personnage dans l'esprit de centaines de milliers d'occidentaux, qui, n'ayant fait que feuilleter ces six cent quarante-neuf pages, ont accepté de confiance les conclusions défavorables à la Turquie que lui-même et beaucoup d'autres, également résolus à ruiner la réputation de tout un peuple, ont extrait de son contenu quelque peu à la légère, ainsi que nous le prouverons sans difficulté aucune.

Notre souci est, en effet, de déterminer si, comme on prétend, les documents, laborieusement colligés par Lord Bryce (?), démontrent, d'une part, que rien dans l'attitude des Arméniens n'a justifié la mesure de déportation adoptée par le gouvernement ottoman, et si, d'autre part, les conditions dans lesquelles cette mesure a été appliquée ne laissent aucun doute sur son but véritable, qui aurait été d'exterminer la race arménienne.

Les pages qui précèdent indiquent qu'il ne pouvait en être ainsi, mais nous parcourerons le même terrain spécialement par rapport à l'élucubration du noble Lord.

Dans son résumé historique, Mr. Toynbee dit que le gouvernement ottoman fait reposer sa justification de la mesure de transportation sur trois considérations : 1° Les Arméniens prirent les armes et se joignirent aux Russes aussitôt que ceux-ci eurent franchi la frontière. 2° Qu'il y avait une conspiration générale des Arméniens dans toute l'étendue de l'Empire pour provoquer une révolution interne, à un moment où toutes ses forces militaires étaient engagées sur les frontières et de livrer ainsi le pays à l'ennemi. 3° Que la population arménienne civile doit ses malheurs aux volontaires Arméniens ou, pour exprimer la chose d'une façon plus intelligible, à la participation des Arméniens à la guerre, en qualité de volontaires dans les armées russes.

C'est exact. C'est bien le système de défense adopté par le gouvernement ottoman.

Le cas principal, en ce qui concerne le premier point, est, ainsi que dit Mr. Toynbee, la *révolte de Van*. Il renvoie le lecteur aux documents n°s 120, 121, 122 et 15, tous qualifiés de témoignages neutres, alors que l'un d'eux, le n° 122, est la déclaration d'un Arménien pur-sang, pour prouver que le gouvernement ottoman est coupable de « mensonges directs », quand il déclare dans le pamphlet intitulé *Vérité sur le mouvement révolutionnaire arménien et les mesures gouvernementales:* 1° « Que le gouvernement impérial (ottoman) s'est abstenu d'exercer une pression quelconque ou d'adopter des mesures répressives contre les Arméniens, jusqu'au jour où la révolte armée a éclaté à Van, vers le milieu d'avril 1915. » 2° « Qu'aucune mesure coercitive ne fut décrétée par le gouvernement impérial, jusqu'à la date de leur révolte armée qui eut lieu à Van et dans d'autres zônes militaires, au cours de *juin* » (souligné par l'éditeur) et 3° « Qu'après l'occupation de Van par les Russes et les Arméniens, la population musulmane de la ville fut impitoyablement massacrée. »

Laissant de côté la différence de date qui n'a aucune importance, puisqu'elle est manifestement l'effet d'une distraction du rédacteur du pamphlet ou d'une confusion causée par le fait que le gouvernement ottoman se trouva en présence de plusieurs révoltes, dont quelques-unes succédèrent à celle de Van comme d'autres la précédèrent, consultons les documents auxquels le renvoi nous réfère.

Le n° 15 est une lettre de Miss Knapp de la Mission Américaine à Van, dans laquelle elle donne une relation des événements tragiques qui se déroulèrent dans cette ville.

Voici les passages de cette lettre ayant un rapport direct avec le point qu'il s'agit d'élucider[1]):

«Les habitants étaient au nombre de 50,000, «dont $^3/_5$ Arméniens et $^2/_5$ Turcs. Les Arméniens «étaient progressistes et ambitieux, et à cause de «leur force numérique *et de la proximité de la Russie,* «*le parti révolutionnaire devint une force avec laquelle* «*il fallait compter.* Trois de ses chefs notables «étaient Vrémian, *Membre du Parlement ottoman,* «Ishkhan, celui qui était le plus versé en tactique «militaire et Aram, duquel il y aura beaucoup à «dire plus tard....»

«Quand Djevdet Bey (le Gouverneur-Général) «retourna au début du printemps, tout le monde «sentit que quelque chose arriverait. Quelque chose «arriva. Il exigea des Arméniens (de fournir) 3,000 «soldats (c'était une sommation parfaitement légale «et naturelle, étant donné que la mobilisation géné«rale avait été décrétée. Ce qui est surprenant, c'est «qu'il ait eu à faire des démarches spéciales dans «ce sens, alors que les Arméniens étaient tenus de «se présenter aux bureaux de recrutement). Ils «étaient tellement désireux de troubler la paix qu'ils «promirent d'accéder à cette demande. (Quel aveu

[1]) Les soulignements de phrases et les entreparenthèses dans la reproduction de ces documents comme des suivants sont de ous.

«d'indisposition à accomplir leur service militaire!) «Mais dans cette conjoncture, des démêlés eurent «lieu entre Arméniens et Turcs dans la région de «Shadak et Djevdet Bey demanda à Ishkhan d'y «aller comme commissaire de paix avec *trois autres* «*notables révolutionnaires.* Il les fit tuer traîtreu«sement en route. C'était le *vendredi 16 avril.* «Ensuite, il appela Vrémian sous prétexte de con«sulter ce chef, le fit arrêter et l'expédia à Cons«tantinople.

«*Les révolutionnaires* sentirent maintenant qu'ils «ne pouvaient se fier d'aucune façon à Djevdet Bey «le Vali (pouvait-il, lui, se fier à eux, des révolu«tionnaires avérés?) et que, par conséquent, ils ne «pouvaient pas lui donner les 3000 hommes. Ils «lui dirent qu'ils lui en donneraient 400 et payeraient «graduellement la taxe d'exemption militaire pour «les autres (quel exemple extraordinaire de mar«chandage, en ce qui concerne le service militaire). «Il ne voulut pas accepter le compromis.... »Il «fallait qu'il fût obéi (étrange, n'est-ce pas?)«. Il «étoufferait la rébellion à tout prix....

«On ne saurait trop souligner le fait qu'il n'y eut «pas de »rébellion« (?!!). Comme il a été déjà signalé, «les révolutionnaires avaient l'intention d'observer «la paix (pourquoi donc étaient-ils des révolution«naires?) s'il était dans leur pouvoir de le faire. «Mais depuis quelque temps, une ligne de retran«chements turcs avait été secrètement (?) tracée «autour du quartier arménien. Les *révolutionnaires,* «décidés à vendre leur vie aussi cher que possible, «*préparèrent une ligne défensive de retranchements.*

«Mardi, le 20 avril, à six heures du matin, «quelques soldats turcs cherchèrent à s'emparer «d'une bande de femmes arméniennes se rendant «en ville. Deux soldats arméniens s'avancèrent et «demandèrent aux Turcs ce qu'ils faisaient. Les «soldats turcs tirèrent sur les Arméniens et les «tuèrent. Là-dessus, les retranchements turcs ou«vrirent le feu. Le siège avait commencé....

«Les Arméniens *prirent et brûlèrent les casernes «au nord de notre local,* mais, à part cela, ils ne «tentèrent pas l'offensive — *leur nombre était trop «petit....*

«Le soir, une lettre arriva des occupants de la «seule maison arménienne à l'intérieur des lignes «turques qui avait été épargnée donnant l'informa«tion que les Turcs avaient quitté la ville....

«Mercredi, 19 mai, les Russes et les volontaires «russo-arméniens entrèrent dans la ville....

«Tous les Turcs n'avaient pas fui. Quelques «vieillards, femmes et enfants étaient restés, beau«coup d'entre eux cachés. Les soldats arméniens, «à l'encontre des Turcs, ne faisaient pas la guerre «à de pareilles créatures. *Pourtant, il n'y avait «qu'un seul endroit où les captifs pussent trouver «la sécurité contre la populace....* C'est ainsi qu'à «peine 6000 refugiés arméniens avaient quitté notre «local, nous eûmes (les missionnaires américains) à «soigner 1000 refugiés turcs, quelques-uns d'entre «eux venus des villages (turcs) que les révolution«naires russo-arméniens étaient en train de *nettoyer* «(jolie expression à employer par une dame à propos «de malheureux expulsés de leurs foyers).

«Les sauvages cosaques considéraient les femmes «turques comme une proie légitime et quoique le «Général russe nous eût donné une petite garde, «il ne se passait pas de nuit où le Docteur Uosher «et M. Yarrow n'aient eu à chasser les marau«deurs qui avaient grimpé par-dessus les murs de «notre établissement en éludant la vigilance de la «garde(?)«.

Que ressort-il de ces citations? Il en ressort manifestement que les Arméniens de Van, dirigés par le parti révolutionnaire (le Dachnak), à l'existence et à l'activité duquel Miss Knapp fait constamment allusion et dont le lecteur connaît les agissements antérieurs et le programme subversif, refusèrent d'obéir au décret de mobilisation et que les autorités ayant pris des mesures militaires pour les forcer à s'y soumettre, ils résistèrent les armes à la main, s'emparant des casernes de la ville et se joignant aux Russes après la chute de la ville. N'y a-t-il pas là un cas de rébellion armée parfaitement caractérisée et de complicité avec l'ennemi?

Miss Knapp, après avoir exposé une série de faits qui prouvent la rébellion jusqu'à l'évidence, n'hésite pas à déclarer catégoriquement qu'il n'y en a pas eu. On aurait compris à la rigueur que Miss Knapp eût cherché à *justifier* la rébellion en invoquant les méfaits qu'elle impute aux autorités impériales, tels que abus dans le réquisitionnement de la population arménienne, désarmement des soldats de cette nationalité, assassinat de quelques chefs révolutionnaires ordonné par le Vali, dévastation des villages arméniens environnants et massacre de leurs habitants, mais *la nier!* Toutefois, Miss Knapp n'est qu'une femme, et Américaine par-dessus le marché, c'est-à-dire déplorablement ignorante des institutions européennes. Mais que dire de l'*Editor* qui, en sa qualité d'Européen et d'historien, est censé être au courant des codes militaires du continent?

Hâtons-nous d'ajouter, en ce qui concerne les plaintes des Arméniens de Van rapportées par

Miss Knapp, que cette dame, ainsi que la plupart des Occidentaux s'intéressant à la question arménienne, ne demandait qu'à se laisser duper par les comités, en qui l'Europe et l'Amérique n'ont jamais voulu voir autre chose que les défenseurs d'un élément chrétien paisible contre un gouvernement musulman arbitraire et féroce. Acceptant le plus souvent de confiance les déclarations de ceux-ci, ce n'est que très rarement qu'ils se sont livrés à une enquête personnelle. Même alors, comme dans le cas de l'Américain, Mr. Henry Wood (documents n°s 1 et 572), ils contrôlaient leurs renseignements tirés de source arménienne, en s'adressant à d'autres sources de même nationalité, opération dont le résultat devait nécessairement être une parfaite concordance, en raison de la vaste et habile organisation du mensonge que les comités avaient établie du haut en bas de l'échelle sociale arménienne. Quant aux Consuls et autres fonctionnaires étrangers en résidence en Turquie, ils sont en général ignorants de la langue turque, même quand ils ont la prétention de la connaître. Ils n'entretiennent pas de relations suivies avec l'élément musulman, où pourtant le français est très répandu, soit parce qu'ils dédaignent de frayer avec lui, soit parce qu'ils rencontrent des difficultés à le faire dans les mœurs du pays. Leurs opinions sur les événements locaux, lorsqu'elles ne sont pas la reproduction exacte de celles de leurs drogmans, sont fortement colorées par les rapports qu'ils en reçoivent. Or, ces drogmans sont invariablement des Arméniens, qui cherchaient naturellement à profiter de leur position pour contribuer à la campagne de calomnie dirigée contre la Turquie. Nous avons déjà expliqué qu'une des bases de cette campagne des comités était de dénaturer les mesures les plus justifiées du gouvernement et d'inventer des atrocités turques ou bien, ayant commis eux-mêmes toutes espèces de forfaits, de les dissimuler habilement et de représenter les actes de répression des autorités et les représailles de la population turque, comme des explosions subites et sans cause de fanatisme musulman.

On pense bien qu'ayant pratiqué ce système sans relâche depuis plus de trente ans avec succès, ils n'y auraient pas renoncé subitement au cours de la guerre actuelle, dont le résultat à prévoir était une transformation des conditions politiques de l'Europe où leurs aspirations nationales devaient trouver de plus grandes facilités de réalisation.

Prenons les événements de Van comme exemple. *Désarmement des soldats arméniens?* C'était l'application d'une mesure générale de précaution parfaitement justifiée. Assassinats de quelques chefs révolutionnaires par ordre du Vali? Simple assertion concernant des individus qui eux, avaient authentiquement fait périr des dizaines de musulmans innocents par traîtrise et autrement. Dévastations de villages arméniens des environs et massacre de leurs habitants? C'était là, la continuation de la série de coups et de contre-coups que Turcs et Arméniens s'étaient portés et dont les premiers étaient partis du camp russo-arménien. Mentionner Shadak, comme fait Miss Knapp pensant donner un exemple de la sauvagerie turque, c'est en réalité attirer l'attention sur une des localités où la révolte arménienne éclata et que le gouvernement dut réprimer avec plus ou moins de rigueur.

Le nº 120 (lettre datée du 20 juin 1915, d'un étranger résidant en Turquie et désigné comme le docteur L. A.) ne dit que ce qui suit sur les mesures du gouvernement: «La déportation commença «il y a quelque six semaines, avec 180 familles de «Zeitoun. Depuis cette date, tous les habitants de «cet endroit et des villages environnants furent dé«portés en même temps que la plupart des chré«tiens à Albustan et beaucoup de ceux de Hadjin, «Sis, Kars, Pazar, Hassan Beyli et Dort-Yol.»

Si on devait former son opinion d'après cette lettre, la déportation des Arméniens de Zeitoun n'aurait commencé que dans la première semaine de mai 1915. En fait, elle commença plus tôt, vers le 16 avril.

Voici maintenant ce qu'on trouve dans le n° 122, déclaration du Rév. Dikran Andréassian, Arménien, rapportée par le Rév. Trowbridge, Américain: «*Le 10 août 1914*, les autorités turques de Zeitoun «proclamèrent la mobilisation générale... *Beaucoup «de Zeitounlis prirent le chemin des montagnes pour «échapper au service militaire. Parmi eux, il y «avait à peu près vingt-cinq parfaits bandits qui «gagnaient leur vie au moyen d'actes de violence* «(naturellement aux dépens des musulmans). Cette «petite bande, sincèrement mal vue par les gens «*paisibles* et prospères de Zeitoun (ce qui ne l'em«pêcha pas de les tolérer dans son sein pendant «des années) foncèrent sur une compagnie de nou«velles recrues turques, les dépouillèrent et les «firent enrager par l'insolence de leur langage (en «réalité ils les massacrèrent). Là-dessus, Haidar «Pacha, le Mutessarif de Marache, se présenta vers «le 30 août avec 600 soldats... La population de «Zeitoun était au courant. Yehya agha Yenidoun«yayan, un de ses notables, conseilla à Nazaret «»Tchaouch« (caporal), son cousin, d'aller à la ren«contre (quel délicieux euphémisme) de Haidar

«Pacha avec 500 à 600 jeunes gens armés, parce qu'il «sentait que les intentions de Haidar Pacha n'étaient «pas bonnes. Mais Nazaret Tchaouch répondit: »Non, il se peut que son arrivée signifie ma mort «(pourquoi? n'était-il pas un des habitants *paisibles* «de Zeitoun?), mais je préférerais mourir plutôt que «de voir Zeitoun ruiné, car je sais que ce n'est pas «le moment de faire de l'opposition (donc, en prin«cipe, on nourrissait l'idée d'opposition; sa réali«sation n'était qu'une question d'opportunité).«

«Aucune opposition ne fut offerte à cette force. «Le Pacha demanda la remise des 25 bandits. Tous «furent arrêtés et remis au gouverneur turc. Cela «semblait devoir satisfaire les extrêmes exigences «du Pacha. Mais en réalité, il n'était pas satisfait «et fit une proclamation demandant la remise de «toutes les armes à feu et autres (étrange, étrange!).

«Il y avait en tout à peu près 200 fusils Martini «parmi les 8000 habitants de Zeitoun (multipliez le «chiffre de 200 par 3 ou 4 et vous serez dans le «vrai) dont 150 furent confisqués par les officiers «turcs...

«Alors, vers la fin février (1915), quelques «ignorantes têtes chaudes se réunirent une nuit et «conçurent le plan d'attaquer le Palais gouverne«mental. Ce complot avorta, grâce aux notables «arméniens *qui pensaient qu'il était condamné à* «*l'insuccès* (autrement les notables l'auraient ap«puyé?)...

«A peu près 25 des jeunes gens qui avaient «été brutalement maltraités par les officiers turcs «prirent le chemin des montagnes. *Ces 25 attaquèrent* «*et tuèrent neuf gendarmes à cheval sur la route de* «*Marache.* Toute la population de Zeitoun était «contre cela et s'exprima ouvertement ainsi (mais «applaudit secrètement). Une attaque de nuit tentée «par cette bande téméraire contre Zeitoun échoua...

«Graduellement 5000 soldats furent réunis autour «de la ville...

«Les Arméniens acceptèrent unanimement cette «proposition du gouvernement (de lui indiquer où «la bande était installée) et lui dirent que les in«surgés étaient dans le monastère.

«Le lendemain 25/27 avril, l'attaque contre le «monastère commença... La lutte dura jusqu'au «soir. Mais pendant la nuit, les *insurgés firent une «sortie, tuèrent un officier et beaucoup de soldats* et «s'échappèrent dans les montagnes, laissant seulement «quelques hommes sur la place.

«*Les Turcs perdirent entre 200 et 300 hommes...* «*Les Zeitounlis désiraient ardemment voir les Alliés «balayer tout sur leur passage à Gallipoli. Ils «espéraient que les Turcs subiraient une défaite «écrasante, mais il n'y a pas eu d'insurrection* (??). «Les deux ou trois complots séditieux avortèrent «du fait de l'opposition des Arméniens d'esprit «plus sain. L'ensemble des témoignages donne la «conviction (?) que la destruction de la population «de Zeitoun était un plan turco-allemand conçu de «propos délibéré (!!).»

Résumons: *Beaucoup* d'Arméniens fuient dans la montagne pour se soustraire au service militaire; une bande de 25 d'entre eux attaque des recrues musulmanes et les dépouille; la question se pose de savoir si un corps de 500 à 600 Arméniens armés s'opposera à l'entrée de Haida-Pacha dans la ville ou non; quelques «têtes chaudes» forment le projet d'attaquer le Palais gouvernemental; une seconde bande, toujours de 25, fuit dans les montagnes et tue en route 9 gendarmes à cheval; elle se livre à une attaque de nuit contre la ville qui échoue; elle s'enferme dans un monastère et tue entre 200 et 300 soldats aux troupes qui étaient venues les en déloger; la ville possède 200 fusils Martini dont 150 seulement sont livrés; la population souhaite une défaite écrasante des Turcs à Gallipoli.

Tout cela est explicitement raconté par le Rév. Andréassian. Cela ne l'empêche pas de conclure qu'il n'y a pas eu d'insurrection.

Sans doute, elle ne fut pas aussi générale qu'à Van, parce que les circonstances n'étaient pas aussi favorables, mais il est évident qu'elle eut lieu.

Les attentats commis par les bandes mentionnées par Andréassian, qui toutes étaient beaucoup plus nombreuses qu'il ne veut l'admettre (celle qui se réfugia dans le monastère, par exemple, comptait 200 membres, mais ce qui prouve qu'elle était très nombreuse, c'est qu'elle put infliger une perte de près de 300 hommes dans l'espace de quelques heures aux troupes régulières qui l'assiégèrent); les armements de la ville qui étaient en tout cas nombreux et de qualité suffisante pour faire surgir l'idée d'opposition à Haidar Pacha disposant de 600 soldats bien armés et disciplinés; l'esprit révolutionnaire qui régnait dans la ville et qui n'attendait que l'occasion d'éclater; les antécédents de la « paisible » population qui avait 51 insurrections à son actif[1]); ses sympathies pour les Alliés avec lesquels la Turquie était déjà entrée en guerre et dont un débarquement était à prévoir dans la région voisine de Zeitoun; tout cela était plus que suffisant pour justifier la déportation de la population

[1]) Voir livre déjà cité de Minas Tcheraz: *Zeitoun*.

locale. Notons à ce sujet que celle-ci fut ordonnée par le commandant militaire de la zône, en vertu des pouvoirs discrétionnaires dont les officiers dans sa situation avaient été investis, en ce qui concerne la population civile et non par la Sublime-Porte, dont la mesure générale de déportation ne fut adoptée qu'à l'occasion de la révolte de Van.

A supposer que les soldats aient usé de brutalité envers les habitants au cours de leurs perquisitions pour les armes et qu'ils aient commis des attentats sur les femmes, comme les en accuse Andréassian, n'oublions pas qu'il y avait eu tentative de recel, puisque sur les 200 Martini avoués, 150 seulement furent livrés et que c'était des gens primitifs nourrissant des griefs sérieux contre les habitants qui avaient tué une vingtaine de leurs camarades quelques jours auparavant et que plus ou moins de bestialité se manifeste dans les opérations de soldats en campagne. On ne pouvait raisonnablement s'attendre à ce que des troupes turques se conduisissent mieux dans les circonstances relatées que les détachements européens et américains dans l'expédition contre les Boxers.

Le document n° 121 constate tout simplement qu'à la date du 14 juin, la ville de Zeitoun avait été vidée de ses habitants chrétiens.

Voilà pour ce qui concerne le rapport concernant la mesure de déportation et l'attitude des Arméniens de Van et de Zeitoun.

Quant à la déclaration du gouvernement ottoman que la chute de Van fut suivie du massacre de la partie de la population musulmane qui n'avait pu fuir, le passage de la lettre de Miss Knapp qui dit « qu'il n'y avait qu'un endroit (le local de la mission américaine) où les captifs pussent être en sûreté», la confirme *à priori*, comme aussi les massacres qui avaient eu lieu précédemment dans une vingtaine de localités. En fait, la mission américaine une fois partie, ce qui arriva peu de temps après l'entrée des Russes, les Arméniens et leurs dignes alliés se mirent aussitôt à la sinistre besogne. La preuve positive s'en trouve dans les dépositions de dizaines de musulmans [1]) et dans le récit d'un missionnaire américain dans le *Christian World*, novembre 1915.

Ainsi, l'*Editor* se trouve doublement confondu quand il traite les déclarations du gouvernement ottoman de «mensonges directs», et cela, par la bouche des témoins mêmes qu'il cite à la barre.

Nous arrivons maintenant à la seconde justification fournie par le gouvernement ottoman de la mesure de déportation, à savoir qu'il y avait une conspiration des Arméniens d'un bout à l'autre de l'Empire tendant à provoquer un soulèvement général, à un moment où ses forces militaires étaient occupées à se battre aux frontières et de livrer le pays à l'ennemi.

Nous ne pouvons prétendre que les documents de la collection Bryce contiennent des aveux directs à ce sujet, la discrétion y ayant pris cette fois le dessus sur la loquacité.

Du reste, nous ne pouvions espérer que, dans chaque cas de déposition contre le gouvernement ottoman de la part des Arméniens, ils fourniraient en même temps eux-mêmes les preuves de l'inanité de leurs différentes thèses. Il y a évidemment une

[1]) Voir annexe n°s 6, 7, 9, 18. Série II. Nous n'avons pas voulu surcharger le recueil en y faisant figurer tous les documents relatifs au massacre de Van. Il y en a des centaines.

limite à la condescendance. Du reste, faut-il que les Arméniens nous disent en autant de mots qu'ils avaient organisé une insurrection générale? Les faits sont là pour suppléer à leur mutisme: déjà en 1877, ils présentèrent un mémoire au généralissime russe campant victorieusement dans un faubourg de Constantinople, où ils demandèrent l'indépendance des provinces de l'Empire habitées par des Arméniens ou, comme pis-aller, l'établissement d'un contrôle russe sur ces régions. Depuis, à les en croire, leur situation dans l'Empire n'a fait qu'empirer; donc, même s'il n'existait pas de preuves positives de la continuation de leurs efforts pour secouer la domination ottomane, il y a de formidables présomptions qu'ils profiteraient de la guerre actuelle pour satisfaire leurs aspirations nationales en se soulevant et en livrant le pays à l'Entente qui avait proclamé qu'un de ses buts en dégaînant, était de libérer le peuple arménien. Mais, en réalité, nous les avons vus travaillant dans ce sens sans relâche depuis une dizaine d'années, en usant de procédés d'une violence extrême et sans se soucier le moins du monde des conséquences de leur attitude. Si l'insurrection qu'ils méditaient n'éclata pas, comme le gouvernement s'y attendait, lorsque les Alliés opérèrent un débarquement en Cilicie, circonstance dont l'*Editor* fait grand cas, ou lors de leurs opérations aux Dardanelles, la chose n'a pas d'importance en soi. Il suffit qu'elle ait eu lieu, ce qui arriva en Anatolie orientale, là où son caractère général et combiné se manifesta dans l'action presque simultanée des Arméniens dans vingt localités.

Qu'ils avaient été occupés à importer des armes de tous les côtés, cela est pleinement établi par la correspondance des Comités avec leurs succursales à l'étranger, comme en font preuve plusieurs documents annexés à cet ouvrage [1]). Ce n'est pas parce qu'il plaît à l'*Editor* de dire «qu'il n'y avait pas évidemment assez d'armes en leur possession pour faire le tour des hommes relativement peu nombreux qui avaient échappé à la mobilisation» et que «les histoires de bombes sont encore plus extravagantes», que le contraire est prouvé. C'est précisément la mobilisation qui constitua une des circonstances qui leur permit de disposer de tant d'armes, les Arméniens, après avoir rejoint les drapeaux, ayant déserté avec les superbes Mauser qu'on leur avait fournis. Lorsque l'*Editor* dit que «cette accusation d'espionnage au profit des Alliés peut être contrôlée, car le témoin de ces pendaisons (un résident en Cilicie de nationalité neutre et d'excellente situation) déclare, en connaissance de cause, qu'un seul Arménien avait été en communication avec les navires des Alliés», il implique que les résidents étrangers devaient nécessairement avoir connaissance de tous les agissements des Arméniens et qu'en l'absence d'une constatation de leur part à ce sujet, il ne fallait pas accorder foi aux accusations des autorités ottomanes. Ce faisant, il s'engage dans un système de raisonnement tellement puéril — qu'on nous permette le mot — tellement sot, qu'on ne saurait le prendre au sérieux.

Quant à la troisième justification de la mesure de déportation invoquée par le gouvernement, à savoir que beaucoup d'Arméniens s'étaient enrôlés comme volontaires dans les armées russes, nous éprouvons un plaisir tout particulier à nous étendre sur ce sujet.

---

[1]) Voir Annexes 9, 10, 11, 12, Série I.

L'*Editor*, pensant confondre le gouvernement ottoman, dit: «Il est significatif que ces plaintes turques sont dirigées contre les Arméniens russes au service de la Russie. Il n'y a pas d'allusion de trahison ou de mauvaise volonté de la part des Arméniens ottomans qui avaient été incorporés, beaucoup d'entre eux illégalement (?)[1]) dans l'armée ottomane, aucune insinuation que leur conduite n'avait pas été aussi satisfaisante en 1914 qu'en 1912.» Mr. Toynbee — qu'on nous passe encore le mot — est un incorrigible farceur. Comment le gouvernement pouvait-il s'abstenir de faire directement et spécifiquement allusion aux Arméniens ottomans qui s'étaient enrôlés dans l'armée russe, puisqu'il y en avait des dizaines de milliers. Et, en fait, il l'a fait, non pas une fois, mais vingt. Nous n'allons pas fournir une liste du menu fretin de ces traîtres à la cause ottomane. Cela ne dirait rien au lecteur. Quant aux notables Arméniens qui passèrent du côté de l'ennemi, il y en eut évidemment peu, puisqu'ils devaient rester dans le pays pour diriger les opérations locales de leurs congénères. Contentons-nous de nommer Suren et Psdermadjian.

Raisonnons par induction. Pouvait-on raisonnablement supposer que les Arméniens s'abstiendraient de s'enrôler dans les armées russes? Profondément hostiles à l'Etat, ils avaient commis tous les autres crimes contre lui, de droit politique et de droit commun — ce qui a été déjà démontré. Il était donc parfaitement naturel et indiqué que l'enrôle-

---

[1]) Parmi les inexactitudes qui pullulent dans le résumé de Mr. Toynbee, celle qui consiste à dire que la population de Zeitoun jouissait d'une charte, dont deux des privilèges étaient l'exemption du service militaire et le droit du port d'armes, est une des plus tendancieuses. La charte de Zeitoun fut supprimée en 1895.

ment sous les bannières ennemies fit partie de leur programme où figurait la rébellion armée, l'assassinat, etc. Quel scrupule ou quelle crainte subites les auraient-ils retenus? Le territoire russe était limitrophe des provinces qu'ils habitaient, ce qui facilitait l'opération. Le document n° 17 de la collection Bryce nous fournit un témoignage indirect à ce sujet, tout en faisant ressortir incidemment l'attitude plus que tolérante et conciliante du gouvernement. Voici ce que raconte cette pièce, dont l'auteur est un certain M. Rushdooni, Arménien :

«Le gouvernement traita les Arméniens de Van très généreusement, exemptant les instituteurs grégoriens et protestants de 25 ans et leur permettant de continuer leurs cours, à condition de se faire enregistrer au Palais du gouvernement pour qu'en cas de nécessité, ils pussent être appelés comme miliciens pour la protection de la ville. . . .

«Pendant les deux premières semaines, ce traitement impartial (il était plutôt condescendant) de la part du gouvernement turc, remplit les Arméniens de joie et de confiance et les soldats arméniens qui avaient déserté (donc ils avaient déserté!) retournèrent et se livrèrent. . . .

«Et il semble que le gouvernement, de son côté, cherchait les moyens d'arriver à une entente avec les Arméniens. Par conséquent, il fit publier un avis spécial annonçant que tous les non-musulmans au-dessus de 25 ans seraient exemptés de l'armée en payant une taxe spéciale. . . .

«Le gouvernement prenait le parti des Allemands, même quand il était encore neutre, tandis que les Arméniens — *malheureusement* — sympathisaient avec les Alliés. Mais, même alors, aucun acte d'injustice spécial n'était commis. Le gouvernement témoignait beaucoup de bonté aux Arméniens, du moins en apparence et le Gouverneur Tahsin bey (le prédécesseur de Djevdet bey) entretenait des relations si suivies avec le parti dachnakiste, qu'on croyait qu'il était son ami spécial. En dehors de cela, il fut décidé que deux membres du Parlement qui représentaient Van, MM. Vahan Papazian et Vrémyan, resteraient auprès de la population et veilleraient au maintien des bonnes relations entre elle et les autorités (donc la population n'était pas amicalement disposée).

«Après l'entrée des Turcs dans la guerre, la situation prit un autre aspect. Le gouvernement adopta une attitude méfiante à l'égard des Arméniens qui avaient accompli leur devoir envers lui (sans doute en désertant?) dans la mesure de leurs moyens.

«Malgré tout, la froideur entre les deux éléments était très marquée et cela devint très apparent après *qu'on eut découvert que les Arméniens avaient fourni des volontaires aux Russes et que c'était leurs troupes mêmes qui avaient occupé Bayazid...*

«Mais ce qui était malheureux, c'est que dans les cercles gouvernementaux, on ne parlait que des volontaires arméniens.

«C'était pour cela que Tahsin bey fit appeler les chefs dachnakistes . . . . et leur fit observer que les Arméniens avaient commencé un mouvement d'enrôlement volontaire et que ce mouvement leur serait nuisible et après, dans une lettre spéciale, il leur suggéra d'écrire aux chefs dachnakistes à Bayazid (pouvait-il y avoir de meilleure preuve que des Arméniens notables étaient parmi les volontaires qui avaient pris cette ville?) et d'arrêter ce mouvement. . . .

«A cause des succès turcs et du mouvement de volontaires, le gouvernement et le public turcs changèrent d'attitude. . . .»

Or, nous nous permettrons de demander à l'*Editor* si M. Rushdooni, s'étant occupé longuement, comme il le fait, du mécontentement des autorités de Van causé par l'enrôlement d'Arméniens dans l'armée russe et des avertissements qu'ils adressèrent à leurs chefs; si, ayant constaté qu'un changement s'était même opéré dans leur attitude à leur égard, il n'aurait pas relevé que ce n'était pas des Arméniens *ottomans* qui étaient impliqués dans le mouvement, si réellement tel avait été le cas? Et les chefs dachnakistes n'auraient-ils pas répondu dans ce sens à Tahsin bey — procédé tellement indiqué par les circonstances que seul un sot s'en serait abstenu?

Il se peut toutefois que l'argumentation qui précède ne suffise pas à faire baisser la tête à Mr. Toynbee. Ayons donc recours à notre grosse artillerie de réserve. C'est un Arménien, rien moins que M. G. Kh. Chalkussian, vice-président du Congrès arménien pan-russe, qui s'est tenu à St-Pétersbourg le 24 mai 1916, qui a l'obligeance de nous fournir nos munitions.

Voici les principaux passages du discours très applaudi qu'il prononça à cette occasion: «Pendant «trois jours, des rapports sur le chagrin et les pleurs «nationaux seront lus. Une terrible calamité s'est «abattue sur nous *d'abord, grâce à nos sympathies «pour l'Entente et ensuite, grâce à la part directe «que le peuple arménien a prise à la guerre actuelle.* «Les Français nous ont pittoresquement et aima«blement qualifiés de »nos petits alliés«. Il se peut «que nous ayons rendu peu de services à la cause «mondiale, mais nous avons pâti comme des »gros «alliés«. La guerre a impliqué *tout le peuple ar-«ménien*, mais pour nous, à ses débuts, il n'y avait «pas d'espérances (?). Le gouvernement russe ne «voulait pas de complications et cherchait par tous «les moyens à éviter la guerre (?). Ce point de vue «coincidait avec nos désirs, car nous craignions les «pogroms (sic) et les massacres. Mais nos sym-«pathies dès le commencement allaient entièrement «à l'Entente, puisque à sa tête se tenait la Russie (!), «envers qui la fidélité des Arméniens est attestée «par l'histoire. Prenez les guerres persanes et *turques.* «Les Arméniens allèrent à la rencontre des Russes «au son des cloches, les prêtres dans leurs vête-«ments sacerdotaux et dans cette guerre, le peuple «arménien a été entièrement du côté du peuple russe. «Peu avant la guerre turque, des conférences parti-«culières eurent lieu entre les autorités turques et «les notables arméniens, dans lesquelles les Turcs «cherchèrent à entraîner les derniers de leur côté. «C'est avec un sentiment d'adversion que le peuple «arménien rejeta ces propositions. La guerre arriva «et un mouvement de volontaires commença. Les «Arméniens arrivaient en foule d'*Arménie* (Anatolie «orientale), d'*Egypte* (une portion intégrante de «l'Empire ottoman), de *Roumanie* et de *Bulgarie* «(toutes deux habitées par des Arméniens ottomans, «à l'exclusion d'Arméniens russes) et des volontaires «connaissant *si bien l'Asie Mineure* (puisque c'était «leur pays), *qu'ils rendirent de grands services au «gouvernement russe.* Un massacre sans pareil com-«mença et il ne nous resta, selon le langage des «Espagnols, qu'à pleurer avec la bouche de nos «blessures [1]).» (Donc chronologiquement, la tragédie

[1]) Voir le *Times* du 29 juillet 1916, section russe.

commença après que les Arméniens eussent passé activement du côté de la Russie.)

La seconde question générale dont nous avons à nous occuper par rapport à la compilation de Lord Bryce, est de déterminer s'il en ressort que le gouvernement ottoman a usé d'une rigueur excessive ou inutile dans l'application de la mesure de déportation et s'il est responsable de la grande perte de vies et des excès qui l'ont accompagnée.

Sans doute, *toute* la population arménienne fut déplacée sans excepter les femmes et les enfants. Mais c'est que *toute* la population arménienne, sans excepter les femmes et les enfants, était empoisonnée par le virus révolutionnaire et engagée de façon ou de l'autre à combattre le gouvernement impérial et la population ottomane. M. Chalkussian nous a édifié à ce sujet (voir d'autre part doc. n° 17, page 64 du recueil de Bryce). Faire le triage des coupables et des innocents, à supposer qu'il y en ait eu de ces derniers ? C'était impossible.

D'autre part, il est vrai que le délai imparti aux Arméniens pour se préparer à leur déplacement était court dans la plupart des cas. Mais il y avait péril en la demeure. Le gouvernement était pressé d'en finir, les Russes avançant de jour en jour dans l'intérieur du pays.

Quant à la grande perte de vies arméniennes et aux excès, nous les avons déjà admis en les déplorant. Mais nous avons expliqué en même temps, que la première était due pour la plus grande part à des causes accidentelles, vis-à-vis desquelles les autorités se trouvaient impuissantes. Plus d'un document du recueil Bryce appuie sur le rôle joué dans la diminution de la population arménienne, par le manque de moyens de transport, la disette et la maladie. Voici ce que dit par exemple le n° 121: «Un autre facteur qui ajoute à l'horreur «de la situation, c'est que la plupart des chevaux, «des ânes et des mulets ont été réquisitionnés. De «sorte que la population n'a plus d'animaux pour «transporter ses effets et le gouvernement ne peut «en fournir que peu.» Et plus loin: «Encore un «facteur qui ajoute à l'horreur est celui-ci: »un «gouvernement qui ne peut pas nourrir ses propres «soldats, comment peut-il faire observer ses instruc«tions sur le papier, qu'on veille à ce que le peuple «soit bien nourri et ne manque de rien.»

Si une certaine proportion des Arméniens qui périrent durant leur exode doivent ce sort à la brutalité de la soldatesque et de la gendarmerie, nous avons déjà fourni des excuses à cela, en faisant valoir le ressentiment que les innombrables attentats commis par les Arméniens et leur attitude activement hostile envers l'Etat devait faire naître chez les Turcs — et en faisant ressortir le fait que la passion se manifeste d'une façon brutale chez les individus appartenant aux classes inférieures de la société. Si des soldats américains sont capables de se lancer les uns aux autres des enfants pris à l'ennemi et de les rattraper sur la pointe de leurs baïonnettes, en guise d'amusement, dans une campagne victorieuse n'impliquant que des intérêts très secondaires de l'Etat, les soldats turcs ne pouvaient-ils pas être capables de commettre des actes de cruauté, par manière de représailles, dans un débordement de passion bien naturel, dans une guerre dont l'enjeu était l'existence même de la Turquie?

Les autorités supérieures ne pouvaient faire plus qu'elles n'avaient fait. Elles avaient enjoint aux fonctionnaires et officiers subalternes chargés d'appliquer la mesure de déportation, de veiller à ce que les Arméniens «fussent bien nourris et ne manquassent de rien», comme nous en informe le document n° 121 ; elles avaient, en même temps, cherché à prévenir la commission d'excès, en donnant des ordres précis dans ce sens, comme le constate le n° 120 qui dit : « Les ordres des commandants pouvaient bien être raisonnablement humains, mais leur exécution a été le plus souvent sévère au delà de ce qui était nécessaire et accompagnée dans beaucoup de cas d'une horrible brutalité envers les femmes et les enfants, les malades et les vieillards. . . .»

Finalement, nous répéterons ici ce que nous avons dit déjà : au début même de la guerre, le gouvernement avait franchement et clairement prévenu les Arméniens de s'abstenir de toute rébellion et de tout attentat, faute de quoi, ils auraient à souffrir cruellement de la vengeance de la populace musulmane, en mesure de se servir avec un effet terrible de sa supériorité numérique et de sa situation d'élément dominant, sans que les autorités pussent intervenir efficacement.

Mais non! Il fallait absolument, comme le déclare M. Chalkussian avec orgueil et satisfaction, que *tout* le peuple arménien se mît entièrement du côté de la Russie dans la guerre et y prît une part active, en lui envoyant des masses de volontaires *qui connaissaient si bien l'Asie-Mineure* qu'ils devaient nécessairement lui rendre de grands services. Il fallait absolument, ce que M. Chalkussian s'abstient de dire cette fois, qu'ils commissent d'innombrables atrocités aux dépens de leurs compatriotes musulmans.

Nous en appellerons au monde entier, qui est à blâmer de ce qui est arrivé!

La collection Bryce contient un document concernant l'attitude des autorités turques, dont il y a lieu de s'occuper spécialement. Ce document figure à part, sans numéro, encadré pour ainsi dire dans la préface (page XXXIII). C'était le signaler spécialement à l'attention du lecteur et pour cause. C'est une lettre de quatre missionnaires allemands, à laquelle deux ont apposé leurs signatures et qui accusent implicitement les autorités d'Halep d'inaction et d'approbation tacite, en présence des ravages causés par la faim et la soif (!) dans un groupe d'Arméniens transférés dans cette ville.

Prenant le taureau par les cornes, nous reproduisons les passages essentiels de ce document: «Comment faire le cours à nos disciples [1]), alors que dans les enclos à côté de notre école, la mort est en train d'enlever leurs compatriotes affamés, alors qu'il y a là des jeunes filles et des femmes étendues entre les morts et *les bières préparées pour elles d'avance* et qui sont en train de rendre le dernier soupir.

«Des 2000 à 3000 Arméniens arrivés ici *en bonne santé*, il ne reste que 40 ou 50 squelettes. Les plus jolies (de ces squelettes?) sont victimes de la concupiscence de leurs geôliers, les laides succombent aux coups, à la faim et à la soif — elles couchent au bord de l'eau, mais sont empêchées d'étancher leur soif. Il est interdit aux Européens de distribuer du pain aux affamées. . . .

«. . . Tout cela se passe sous les yeux des autorités turques. . . .»

---

[1]) Cette phrase est une traduction libre de celle qui se trouve dans le texte et qu'on ne comprendrait pas autrement.

Analysons ce document, dont les soulignements des mots et les entreparenthèses sont de nous.

Nous constatons qu'un groupe de plus de 3000 paysannes arméniennes enlevées du plateau arménien pour être transférées à Halep, arrivent à destination en *bonne santé*. Or, si on considère les difficultés naturelles d'un voyage dans cette contrée montagneuse, difficultés considérablement aggravées par l'état de guerre et qu'on se rappelle les difficultés éprouvées par le gouvernement pour nourrir et vêtir ses propres soldats, cela veut dire que, loin d'avoir subi des privations et des mauvais traitements en route, les transportées avaient été l'objet de soins spéciaux, grâce sans doute à des circonstances exceptionnellement favorables. Ce n'est qu'après leur arrivée dans une ville de plus de 200,000 habitants, dont beaucoup d'étrangers, qu'on les aurait fait périr de propos délibéré par la faim et par la soif, s'il vous plaît, en vertu du prétendu plan d'extermination, et cela, sous les yeux indignés des missionnaires allemands dont on aurait presque recherché la présence comme témoins, puisqu'on avait logé ces malheureuses dans le voisinage immédiat du local qu'ils habitaient. N'est-ce pas absurde? Et, écartant les attestations et les insinuations des quatre missionnaires allemands, comme dues aux préjugés ou à l'obscurcissement de leurs facultés d'observation et de jugement (pour être allemand, on n'en est pas moins quelquefois ennemi des Turcs), ne faut-il pas plutôt chercher l'explication du drame qui s'est déroulé à Halep dans la disette, disette qui de temps à autre prenait subitement une forme si aiguë que, dans certaines localités, les soldats de l'Empire périssaient de faim, eux qu'on soignait tout spécialement.

Quant au passage de la lettre disant qu'il était interdit aux étrangers de fournir du pain aux Arméniennes dont il s'agit, il est purement et simplement contredit par le n° 4 du Recueil qui déclare: «qu'en tout cas, à Halep, les autorités permettent de distribuer des secours à ces malheureux» (les Arméniens).

Que faut-il penser, d'autre part, du détail raconté par la lettre, d'après lequel des bières auraient été préparées d'avance pour les malheureuses déportées? Quand on est assez barbare pour faire périr par la faim et la soif plus de deux mille êtres humains et qu'on se soucie si peu de l'opinion publique, qu'on procède ouvertement à cette torture sous les yeux de témoins étrangers, a-t-on l'idée de leur réserver une sépulture décente? Le respect humain que dénote cette action n'exclut-il pas l'accusation de préméditation de la part des autorités, en ce qui concerne la mort du groupe d'Arméniens dont il s'agit? Non, tout cela n'est pas sérieux.

Et voilà ce qu'on constate, en ce qui concerne le principal document de la collection Bryce.

Si on apporte le même soin à étudier les autres pièces qui la composent, on verra qu'elles sont entachées des mêmes vices d'invraisemblance, d'inexactitude et d'exagération et que, très souvent, de dépositions à charge qu'elles devaient être contre le gouvernement ottoman, elles deviennent des dépositions à décharge.

Ajoutons à cela, que le plus souvent ces pièces sont anonymes, même dans le cas où elles sont attribuées à des étrangers, ceux-ci taisant leurs noms sans aucune raison apparente, et que les déclarations qu'elles contiennent sont parvenues à Lord

Bryce par des voies détournées obscurément désignées, et on se fera une idée de la valeur démonstrative du «formidable acte de condamnation» contre le gouvernement ottoman, qu'est censé constituer le recueil du noble Lord.

Prenons comme exemple le document n° 62 qui est une lettre de deux sœurs de la Croix-Rouge *Danoise, précédemment* au service de la mission militaire allemande à Erzeroum — lettre communiquée «par un Monsieur de Genève». Qu'y avait-il pour empêcher les sœurs en question de se nommer? Et le «Monsieur de Genève», lui aussi, que craignait-il?

En somme, ce qui porte les déposants étrangers à accuser le gouvernement d'avoir voulu la suppression de la race arménienne, c'est l'attitude observée dans certains cas par la troupe et par les agents subalternes de l'autorité. Il n'y a là qu'une présomption qui tombe, devant les explications que nous avons données plus haut de cette attitude. De preuves positives, pas une. Ce n'est pas le document n° 13 — une déclaration faite par «un étranger résidant à Constantinople» à «un Monsieur suisse à Genève» — qui en fournit une, quand il dit que «le Ministre de l'Intérieur (Talaat-Pacha) «a déclaré qu'à peu près 800,000 Arméniens ont «été déportés et que 300,000 de ces gens ont été «tués ou ont péri par d'autres causes». A qui, quand et où Talaat-Pacha a-t-il fait cette déclaration? Ce n'est pas non plus le document n° 23, encore une pièce anonyme, d'après laquelle «le «Mutessarif de Mouche *qui était un très grand ami «d'Enver-Pacha*, déclara ouvertement qu'ils (Enver-«Pacha et lui?) massacreraient les Arméniens au «premier moment opportun et qu'ils extermineraient «la race tout entière».

Assez de ces absurdités [1]).

Notre défense du gouvernement ottoman, en réponse aux accusations dirigées contre lui concernant la dernière phase de la question turco-arménienne, a pris fin.

En résumant la défense des Arméniens, voici ce que dit l'*Editor* de Lord Bryce.... «Ainsi les «différentes assertions turques n'arrivent pas, de la «première à la dernière, à répondre à leur but. «Elles essaient toutes de faire remonter les atrocités «de 1915 à des événements issus de la guerre, mais «non seulement elles ne peuvent les justifier de ce «chef, mais elles ne suggèrent même pas une raison «adéquate pour leur perpétration. Il est évident «que la guerre n'a été qu'une occasion et pas une «cause — en fait, le plan de déportation et tout «ce qu'il impliqua, découlait inévitablement de la «politique du gouvernement jeune-turc. Cette pré«somption sera confirmée, si nous analysons les «dogmes politiques auxquels les Jeunes-Turcs s'é«taient attachés.»

Nous nous permettrons de déclarer et nous nous croyons autorisés à le faire dans un langage quelque

---

[1]) Dans le Vilayet de Smyrne, où les Arméniens s'abstinrent de tout acte de provocation, ce qui, du reste, n'était que la continuation de l'attitude correcte qu'ils avaient suivie avant la guerre, la mesure de transplantation ne fut pas appliquée. Aucun acte de violence ne fut commis à leurs dépens par la population musulmane.

Ajoutons que de nombreux villages furent fondés en Syrie, se trouvant sous l'autorité de Djemal Pacha, commandant du 4e corps d'armée, où les déracinés Arméniens furent confortablement installés, au fur et à mesure qu'ils arrivaient de l'Anatolie orientale et de la Cilicie. Ces faits se chargent de fournir un démenti supplémentaire à la calomnieuse légende du plan d'extermination.

peu vif, que les conclusions de Mr. Toynbee sont le fait d'une altération de ses facultés d'analyse ou bien d'une intention réfléchie de sa part de noircir le peuple turc par pur préjugé. Il peut être un historien qui s'est distingué comme étudiant à l'Université d'Oxford, mais il lui manque les principales qualités requises par un homme de sa profession, celles qui font les Gibbon et les Carlyle : l'impartialité scientifique et une étude étendue et soignée des faits. Ses préventions contre la Turquie et celles qu'il nourrit en faveur des Arméniens sont manifestes. Ses erreurs dans les questions de fond comme de détail, son ignorance des vrais rapports entre la Sublime-Porte et ses sujets Arméniens — à moins qu'il ne s'agisse d'un cas de *suppressio veri* qui voisine avec *perversio veri* — sont frappantes. Son résumé historique est une plaidoirie d'avocat ; ce n'est pas une contribution à la vérité historique. En le rédigeant, il a pu s'assurer la reconnaissance des Arméniens, il ne s'est pas engagé dans le vrai chemin de la célébrité historique. Son trait de Parthe est pour le parti *Union et Progrès*, qu'il est apparemment du devoir de tout bon Anglais de haïr, parce qu'il s'assura l'appui de l'Allemagne, comme unique alternative à celui de l'Angleterre qui le lui refusa avec dédain. Ce parti peut avoir commis des fautes, mais c'était inévitable dans un groupe composé d'hommes jeunes et inexpérimentés, ayant assumé le fardeau du pouvoir à une époque de difficultés sans pareilles. Mais fermer les yeux au patriotisme, à la sincérité et à l'esprit de sacrifice de ces hommes et à leurs succès dans le domaine de la régénération nationale et les condamner d'autorité comme fait l'Angleterre, c'est le summum du dépit. Mr. Toynbee l'accuse de chauvinisme parce qu'il chercha et que grâce à la guerre actuelle, il réussit à ottomaniser l'Etat et qu'il supprima d'un trait de plume les capitulations, ce monument d'irréflexion de la part de la Turquie et d'abus de confiance de la part de l'Europe. Nous invitons Mr. Toynbee à étudier le vrai caractère de ces institutions immorales dans le livre de Mr. Brown. Chauvinisme turc, quoi ? La réaction du pays contre la tyrannie de l'Europe et les forces de dissolution opérant dans son sein. Chercher à discréditer les efforts d'un peuple en vue de défendre son indépendance contre les attaques intérieures et extérieures, est sur le même plan que la conspiration malhonnête organisée contre la Turquie, tendant à attribuer chaque réaction politique et nationale de la Sublime-Porte au fanatisme religieux. Et même, si quelque chauvinisme s'était faufilé dans cette politique, la manifestation en serait-elle si étrange et critiquable, dans un pays opprimé par l'étranger depuis des siècles ? Et même, si quelque fanatisme a coloré son attitude vis-à-vis de ses sujets chrétiens et de l'Occident, dont l'esprit religieux est défini dans la fameuse sortie de Gladstone: «aussi «longtemps qu'il existera des sectateurs de ce livre «maudit (le Coran), l'Europe ne connaîtra pas la «paix», n'aurait-ce pas été les payer tous deux de leur propre monnaie ?

CONCLUSION

Une lamentable tragédie s'est déroulée en Turquie durant la guerre actuelle, sur laquelle le rideau n'est pas encore tombé [1]. Le peuple arménien a souffert cruellement, mais pas plus que le turc.

En son âme et conscience, la Turquie peut rejeter la responsabilité de cette tragédie sur les Comités et les pays de l'Entente: Russie, Angleterre et France — qui, dans un sordide but de gain politique, les ont encouragés dans une entreprise aussi chimérique que criminelle et par des méthodes d'action renouvelées des pires âges de l'humanité.

Prétendre, comme les Comités n'ont pas hésité à le faire, que le sort subi par le peuple arménien est l'effet d'on ne sait quel complot du gouvernement turc contre une race qui les gênait, c'est le comble de l'audace dans l'effronterie. Croire à cette version, c'est le comble de la crédulité et de l'aveuglement.

Si les Comités et l'Entente de la première heure, c'est-à-dire la combinaison Anglo-franco-russe, n'ont pas le courage d'avouer leurs torts envers le peuple arménien, qu'ils aient au moins la décence de se taire. Ce qu'il leur sied de faire, c'est de jeter un voile sur l'œuvre de boue et de sang qu'ils n'ont pas su mener à bien et s'ils sont chrétiens, comme ils prétendent, de crier dans le silence de leur conscience en se frappant la poitrine, comme les

---

[1]) Après l'évacuation de l'Anatolie orientale par les Russes, en vertu de la paix conclue avec le gouvernement bolchewiki, des bandes arméniennes commandées par des *officiers anglais et français* reprirent leur sinistre besogne du commencement de la guerre.

grands pécheurs qu'ils sont: *Mea culpa, mea culpa, mea maxima culpa.*

Nous ne voudrions pas terminer cet exposé de la question turco-arménienne, sans exprimer le plus profond regret de ce que deux races qui avaient vécu durant des siècles dans les termes d'un étroit et amical voisinage comme sujettes du même Empire et dont les qualités, en se complétant, formaient la base d'une collaboration destinée à devenir de plus en plus féconde, aient été transformées en ennemis.

C'est pour ceux qui se sont rendus coupables de ce crime contre l'histoire dont ils ont détourné le cours de leurs mains sacrilèges, que le peuple arménien, revenu à lui-même, devrait réserver ses malédictions. N'est-ce pas un des leurs, Armène Aktoni, un chef de comité, qui, ayant attendu en vain la flotte anglaise, dont il épiait l'arrivée promise du haut du monastère Soulou, à Psamatia, pendant que ses camarades assaillaient la Banque Ottomane, se suicida en maudissant les «protecteurs» de sa race? Il y avait dans cette pathétique immolation de soi et dans le cri de révolte qui l'accompagnait, une leçon et un conseil adressés à tous ses congénères.

Constantinople, le 30 mars 1916.

DOCUMENTS

RELATIFS A

LA QUESTION TURCO-ARMÉNIENNE

Ire SÉRIE.

DOCUMENTS

relatifs à l'organisation des Comités arméniens, à leurs buts et à leurs méthodes d'action avant et après la guerre actuelle.

IIe SÉRIE.

DOCUMENTS

relatifs aux atrocités commises par les Arméniens et à leurs actes d'hostilité ouverte contre le gouvernement ottoman à l'occasion de la guerre actuelle, atrocités et actes d'hostilité datant du lendemain même de l'explosion de celle-ci et servant de justification immédiate aux mesures adoptées par la Sublime-Porte à l'égard de la population arménienne habitant l'Anatolie orientale.

(Cette double série de documents ne présente qu'une très faible proportion de la masse des pièces enregistrant les actes de félonie et de barbarie des Arméniens. L'auteur n'a pas voulu surcharger cet ouvrage en les reproduisant toutes.)

Ire SERIE.

DOCUMENTS

relatifs à l'organisation des Comités arméniens, à leurs buts et à leurs méthodes d'action avant et après la guerre actuelle.

N° 1.

EXTRAIT DES INSTRUCTIONS

dressées par les Comités en 1910 et répandues parmi les Arméniens par dizaines de milliers d'exemplaires.

Ces instructions avaient pour titre: «Instructions pour la défense personnelle». Ces mots «défense personnelle» [1]) devinrent un symbole de ralliement:

DU CHOIX DES ARMES.

«Celui qui a besoin d'une arme doit au préalable s'adresser à quelqu'un de confiance pour lui demander quelle est la meilleure. Naturellement, celles fabriquées en Europe sont les plus perfectionnées, mais l'Arménien ne peut se les procurer, car nous ne pouvons pas aller en Europe et les armes d'Europe ne peuvent pas venir en Arménie [2]). Si même on parvient à en avoir, il n'est pas possible d'en préparer les balles. Conséquemment nous devons chercher nos armes autour de nous. Nous sommes limitrophes de trois pays où, actuellement, on trouve deux sortes d'armes. En Russie, il y a aujourd'hui le «Moussine»; autrefois, il y avait le

---

[1]) En se servant de cette dénomination, les Comités jouaient la comédie devant leurs propres compatriotes. On verra, en lisant les instructions dont il s'agit, que le but de la «défense personnelle» était d'attaquer les villages musulmans.

(Note de l'auteur de l'ouvrage.)

[2]) Cela n'était vrai qu'en ce qui concerne les fusils de guerre. Des centaines de milliers de pistolets à répétition furent importés par les Comités.

«Berdan». En Turquie, on se servait autrefois du «Martini»; on emploie aujourd'hui le «Mauser». Les meilleures de ces armes, c'est-à-dire les plus nouvelles, sont entre les mains des gouvernements. On pourrait facilement, et à bon prix, s'en procurer les cartouches, mais comme aucun gouvernement ne permet que ces armes soient utilisées par la population et qu'il serait compromettant de les acheter ou de les vendre, nous devons préférer les vieilles armes qu'il est plus facile d'obtenir.

Dans ce cas, une question se pose: Comment peut-on, avec une arme vieille et mauvaise, résister à quelqu'un qui en possède une neuve et bonne? Cette observation est déplacée, 1° parce qu'il est impossible que nos ennemis se servent de leurs armes aussi bien que nous des nôtres, et 2° parce que tout le monde sait qu'une arme de bonne qualité n'est pas toujours utile entre les mains du commun des gens.

DES VILLAGES.

Il y a chez nous trois espèces de villages:

1° les villages situés entre d'autres villages arméniens et habités exclusivement par des Arméniens;

2° les villages situés dans les zones non-arméniennes, mais habités tout de même, seulement par des Arméniens;

3° les villages habités en même temps par des Arméniens et des non-Arméniens.

Au point de vue de l'organisation, il n'y a aucune différence entre ces trois espèces de villages. Chacun d'eux, organisera un corps spécial et toutes les forces existantes feront partie de ce corps avec leurs armes. Chaque corps sera divisé en deux parties: «Les Sédentaires» et «Les Mobiles». Chaque partie aura un chef et un sous-chef. Dans chaque village, les Sédentaires et les Mobiles [1]) choisiront conjointement leur chef parmi les plus expérimentés d'entre eux. Ce chef sera la plus grande autorité du village et toutes les forces de l'endroit seront sous ses ordres. Il sera en même temps le représentant du commandant de la zone et de l'état-major.

Les chefs des villages situés dans une même zône, se réuniront et éliront parmi eux un état-major provisoire composé de trois membres. Les jours de combat, l'état-major, ou le commandant de la zône, pourront, sous leur propre responsabilité, retirer les armes à ceux qui ne pourraient pas s'en servir, pour les donner à des plus expérimentés. Les villages qui seraient attaqués par surprise, expédieront d'urgence des courriers aux villages voisins pour demander secours. Les Arméniens habitant dans des villages mixtes et qui, étant en minorité, ne peuvent espérer du secours des villages environnants, doivent se rendre tout de suite dans les zones arméniennes en emportant avec eux leurs biens les moins encombrants.

Dans les villages mixtes, oú les ennemis sont en minorité par rapport aux Arméniens, on devra garder ses ennemis en ôtage s'ils ne se sont pas antérieurement enfuis ou bien les inviter à quitter

---

[1]) L'existence de cette force de «Mobiles» à côté des «Sédentaires» prouve à l'évidence que le plan des Comités consistait non seulement à résister aux opérations répressives des troupes impériales, mais à entreprendre des attaques contre les villages musulmans. De fait, ce sont ces attaques par les «Mobiles» qui donnèrent lieu aux expéditions punitives des troupes de l'Etat que devaient repousser les «Sédentaires». (*Note de l'auteur.*)

le village, suivant la ligne de conduite adoptée par eux ou par le gouvernement.

Pendant le combat, les portes des maisons doivent être laissées ouvertes pour recevoir les gens qui fuiraient devant les troupes régulières ou la police. Il faut, en ces circonstances, défendre absolument aux personnes non armées de se trouver dehors. Tout le village est tenu à payer le prix des armes qui tomberaient aux mains de l'ennemi. Les armes prises à l'ennemi appartiennent à celui qui les aura prises.

POUR DONNER L'ASSAUT AUX VILLAGES.

Pour donner l'assaut aux villages il faut:

1° connaître les endroits fortifiés des villages ennemis;

2° choisir d'avance la ligne de retraite et l'assurer au moyen de sentinelles;

3° savoir d'où l'ennemi peut recevoir des renforts et l'en empêcher;

4° donner l'assaut au village seulement de trois côtés, et laisser un côté libre pour que les assiégés puissent s'enfuir. (Si le village est cerné de quatre côtés, l'ennemi se défendant et attaquant avec la force du désespoir, peut compromettre la victoire.) Seulement, dans le côté laissé libre, une partie des assaillants devront se cacher pour serrer de près l'ennemi et lui causer le plus de dommages possibles. Du reste, le but de laisser un côté libre est, plutôt que d'assurer la fuite de l'ennemi, de scinder sa force de résistance et hâter ainsi la victoire;

5° pour troubler l'ennemi, il faut choisir l'aube comme moment de l'assaut. Un assaut qui commencerait plus tôt devrait s'arrêter à cause de l'obscurité, ce qui occasionnerait inutilement des victimes;

6° pour semer la panique chez l'adversaire, il faut mettre et attiser le feu en plusieurs endroits en même temps. On doit pour cela se munir de tout le nécessaire avant de commencer l'assaut;

7° si le corps qui va donner l'assaut n'a pas de cavalerie, il faudra avoir en réserve quelques chevaux pour transporter les morts et les blessés aux villages arméniens et empêcher ainsi qu'ils ne soient reconnus.

Quelques jours avant l'exécution de l'assaut, des hommes de confiance capables, choisis et nommés par l'état-major, devront être envoyés aux villages, sans faire connaître leur identité, chacun d'eux restera, dans la zône pour laquelle il aura été designé, autant de temps qu'il faudra et après avoir achevé son enquête, présentera son rapport sur la base duquel se feront les préparatifs de l'attaque.

N° 2.

EXTRAIT DU MÉMOIRE

remis par le comité Dachnak au Congrès socialiste de Copenhague en 1910.

(Comme arme auxiliaire, le Dachnak se servait du socialisme, en se posant en partisan de ce système, il devait plus facilement s'attirer les sympathies de la masse arménienne et du prolétariat européen.) ... Notre organisation est la même dans l'Arménie turque. A Van et à Bitlis, dans ces deux grandes provinces arméniennes, nous avons enrôlé jusqu'en 1908, sous la bannière de notre comité, les villageois et toute la population saine et robuste pour former des bandes politiques. Ces bandes existent encore, mais leur nombre est naturellement plus restreint.

Jusqu'en 1908, l'activité de notre Comité en Turquie était cachée et ne se manifestait que pendant la nuit. Le jour, les membres du Comité n'osaient pas se montrer dehors, l'armement, les exercices, se faisaient toujours la nuit. Notre activité avait un caractère tout à fait politique et révolutionnaire. Cette même activité continue aujourd'hui dans tous les centres de l'Empire Ottoman, avec cette différence qu'elle se déploie maintenant ouvertement et en plein jour. Dans les autres parties de la Turquie habitées par les Arméniens, nos Comités ont de grandes bandes de révolutionnaires bien organisées... [1])

N° 3.

RAPPORT DU CONSUL DE RUSSIE A BITLIS

en date du 3 décembre 1910.

N° 602.

Un fait digne d'attention dans le vilayet de Bitlis, c'est l'activité que déploie constamment dans l'intérieur de cette province le Comité révolutionnaire arménien Tachnaktzoutioun (Dachnak), au sujet duquel j'ai l'honneur de communiquer à Votre Excellence les renseignements suivants :

1) C'est l'auteur de l'ouvrage qui a souligné ces phrases.

La population arménienne, ignorante quoique laborieuse, avait ouvertement témoigné, ces derniers temps surtout, une véritable antipathie envers ce Comité dont les affiliés, *qui s'affublaient du titre de «sauveurs de la nation»* lui avaient fait endurer depuis des années les pires souffrances. En dépit de ce sentiment, le Tachnaktzoutioun continue toujours à exister dans le vilayet de Bitlis et, *sans toutefois renoncer à ses anciennes visées,* se consacre à l'éducation des masses, mettant de côté les armes et attendant tranquillement les événements. *Par une métamorphose incompréhensible, les anciens chasseurs d'hommes de la vallée de Mouche, se sont transformés en pédagogues dans les écoles arméniennes de la province.*[1]) Les chefs des révolutionnaires qui en 1909 et 1910 avaient combattu à Sassoun contre les troupes ottomanes, sont venus à Bitlis en qualité de juges et, sans aucun mandat, sont entrés en négociations, «au nom de la nation» pour trancher les différends existant entre Arméniens....

Depuis la proclamation de la Constitution, l'activité des révolutionnaires a diminué et ils se tiennent actuellement tranquilles. Mais il serait difficile de dire combien de temps ce changement durera et jusqu'à quel point il sera nécessaire. *Les Comités arméniens ont jusqu'à présent, très habilement profité de l'ignorance de leur nation.* Aujourd'hui les membres du Tachnaktzoutioun à Sassoun, au Sandjak et dans la vallée de Mouche, dans les Cazas de Boulanik, Ahlat et Malazguerd et dans la ville de Bitlis, sont au nombre de 100,000. Le principal chef de cette organisation dans l'inté-

[1]) C'est l'auteur de l'ouvrage qui a souligné les phrases dans ce document.

rieur du vilayet est Carmen, autrement appelé Karnik....

Le siège de ce Comité aux 100,000 membres est à Mouche. Cette organisation est divisée en 20 comités, 100 sous-comités et 8000 groupes. Conséquemment, chaque groupe comprend de dix à douze membres. Cent à mille Arméniens forment un sous-comité, et mille à cinq mille personnes un comité. Le grand centre du Comité se trouve, à titre permanent à Mouche, et les sections du Tachnaktzoutioun dans la ville et dans la vallée de Mouche, dans les cazas de Sassoun, Boulanik et Malazguerd et dans la ville et les environs de Bitlis dépendent de ce centre. Tous ceux qui font partie du Tachnaktzoutioun sont tenus de verser mensuellement à la caisse du Comité une cotisation variant entre 10 paras et une piastre. On croit que de ce chef, le Comité a, rien que dans le vilayet de Bitlis, un revenu annuel de 1000 à 1500 livres[1]).

L'argent ainsi ramassé par chaque groupe ou comité est envoyé au *Bureau du Tachnaktzoutioun pour l'Occident* qui se trouve à Genève et qui en dispose conformément aux décisions du *Comité supérieur Tachnakiste de Suisse.*

Les révolutionnaires arméniens — c'est-à-dire les membres du Tachnaktzoutioun — originaires du vilayet de Bitlis, ne reçoivent officiellement aucun traitement ni aucune récompense des Comités ou du Bureau. Naturellement ces gens-là, peuvent exiger de la population plus d'argent qu'il ne faut et garder le surplus. L'entretien des révolutionnaires qui, comme Carmen ne sont pas originaires de Bitlis, est assuré par les Comités.

[1]) A une piastre par tête, cela fait 150,000 affiliés rien que dans une province de l'Empire. (*Note de l'auteur.*)

Les chefs des Comités et sous-Comités et les anciens révolutionnaires qui ont combattu contre les troupes ottomanes, ont des révolvers, des fusils système «Moussine» ou «Berdan». et un nombre suffisant de cartouches. Quant aux autres membres du Tachnaktzoutioun, ils ont entre leurs mains 7 à 800 fusils de différents systèmes (Gras, Berdan, Martini, Kramnowka, etc.). Sous l'ancien régime, ces fusils étaient cachés sous terre dans les villages. Maintenant on les en a fait sortir.

Depuis la proclamation de la Constitution, et surtout cette année-ci (1910) les Tachnakistes paraissent avoir renoncé à leur activité armée dans l'intérieur du vilayet. Ils ne s'occupent, *en apparence du moins*, que des affaires nationales, travaillant, d'après ce que j'ai entendu, à faire appliquer le système de décentralisation dans les provinces et à développer l'instruction publique parmi les Arméniens....

On sent la main du Tachnaktzoutioun dans toutes les affaires communales arméniennes des localités où, comme à Mouche, les Tachnakistes ont réussi à accaparer l'administration spirituelle. Le député arménien de Mouche à la Chambre Ottomane se soumet entièrement aux ordres des Tachnakistes; dans les tribunaux de Mouche, les juges arméniens n'agissent que d'après les indications du Tachnaktzoutioun; enfin, dans la vallée de Mouche, les professeurs et les Conseils des Anciens se conforment, *volens nolens*, aux décisions du Comité de Mouche ou de ses représentants et exécutent leurs ordres.

Quant aux villageois arméniens, bien qu'ils se plaignent de temps en temps aux autorités ottomanes du Vilayet, ils ne peuvent se débarrasser des Tachnakistes, et, tous les autres, se font, avec plus ou moins d'hésitation, inscrire dans les listes du Tachnaktzoutioun et, *sous l'influence de coups et de menaces, donnent une partie du fruit de leur labeur, pour des buts qu'ils ne sont même pas en état de comprendre*. En supposant que les villageois aient eu autrefois un penchant pour le Comité, il n'en reste plus actuellement.

Quant aux rapports des Tachnakistes avec l'étranger, ils se sont beaucoup développés après la proclamation de la Constitution, à la suite de la suppression des anciennes mesures de police et de la pleine liberté qu'ont eu les Arméniens de voyager....

N° 4.

AUTRE RAPPORT DU CONSUL DE RUSSIE A BITLIS en date du 19 novembre 1912.

N° 630.

Le Comité Tachnakiste qui compte 38 membres à Bitlis, 190 à Mouche, 5 à Guendji et 2 à Saard, et qui s'était précédemment entendu avec le parti *Union et Progrès* pour agir de concert et se prêter mutuellement assistance en Perse et même au Caucase, ayant acquis la conviction, à la chute de ce parti, que la défense des intérêts turcs serait sans résultat, a décidé d'agir contre le gouvernement Ottoman.

Ce qui a amené le Comité à prendre une pareille décision, ce sont les crimes et les vols qui se commettent sans cesse dans tout le vilayet, et, tout dernièrement l'assassinat d'un prêtre arménien et de l'inspecteur des écoles Raphaïl, qui furent tués à «Karkar» sur la limite des provinces de Van et de Bitlis.[1]) La nouvelle de la manifestation faite à ce propos par le Comité Tachnakszoutioun contre les Autorités de Van, arriva jusqu'ici et les Tachnakistes de Bitlis décidèrent à leur tour de se faire voir et trouvèrent pour cela une occasion très favorable: les défaites ottomanes dans la guerre des Balkans. Ces défaites, les sentiments d'animosité des musulmans vis-à-vis des chrétiens, la situation générale des Arméniens qui s'imaginaient qu'en pareilles circonstances la Turquie n'aurait pu vivre sans massacres, furent autant de provocations pour les Tachnakistes qui commencérent à agir, mais sans succès. Le Vendredi, 9 octobre, quelques cordonniers arméniens, fermèrent leurs boutiques en faisant circuler le bruit qu'à la sortie de la mosquée les musulmans massacreraient les Arméniens. Mais personne ne les imita et, grâce aux mesures prises par la police rien de grave ne se produisit. Les fauteurs furent arrêtés et, comme il fut établi à la suite de leur interrogatoire, qu'ils faisaient partie du Tachnaktzoutioun et qu'ils avaient agi à l'instigation de quelques membres influents de ce parti, ceux-ci furent arrêtés.

Bien que ce mouvement du Tachnaktzoutioun n'ait pas abouti, il mérite d'attirer l'attention des Autorités locales comme étant le prélude de l'activité du Comité qui attend une occasion pour venger

---

[1]) Le général Mayewski a été déjà cité dans le corps de l'ouvrage pour montrer que les Comités faisaient tout ce qui était en leur pouvoir pour pousser les Kurdes à des actes d'aggression contre les Arméniens dont ils faisaient ensuite un grief contre les Autorités et la population musulmane.

(*Note de l'auteur.*)

sur les Turcs l'assassinat de deux Arméniens à Karkar et susciter des troubles dans le pays.

L'assassinat de ces deux Arméniens[1]) a eu pour consequence l'apparition à Karkar et à Hizan de deux bandes armées, de vingt hommes chacune. Celles-ci se sont cachées après avoir tué un Kurde pour exciter les musulmans, et errèrent quelques jours dans les montagnes. On disait qu'une partie de ces bandes était passée dans le vilayet de Van et qu'une autre partie s'était retirée dans les villages arméniens de la vallée de Mouche, à l'instar des révolutionnaires arméniens qui s'étaient battus contre les troupes ottomanes dans le vilayet de Bitlis en 1903, 1904, 1905 et 1906. L'automne dernier, on avait transporté en cachette des armes dans cette même vallée de Mouche.

N° 5.

RAPPORT ADRESSÉ PAR LE CONSUL DE RUSSIE A BITLIS A L'AMBASSADE DE RUSSIE A CONSTANTINOPLE
à la date du 24 décembre 1912, sous le n° 63.

Après avoir parlé des effets de la guerre balkanique sur les relations turco-arméniennes dans l'Anatolie orientale, l'auteur du rapport continue comme suit:

---

[1]) L'un de ces Arméniens était un professeur du nom de Raphaïl, qui faisait partie du Dachnak, mais qui, s'étant mis en opposition avec celui-ci, fut assassiné par ses ordres. Naturellement le Dachnak chercha à le faire passer comme victime des Kurdes. *(Note de l'auteur.)*

J'ai moi-même vu et entendu les Arméniens et leurs chefs religieux se plaindre au Vali de ne plus pouvoir vivre avec les Turcs et ceux ci déclarer qu'ils ne pourraient plus supporter les Arméniens. Il existe donc actuellement, dans la province de Bitlis, une violente animosité qui augmente ou diminue selon les phases de la guerre balkanique et ses conséquences présumées. Si cet état de choses continue, on peut s'attendre, comme je l'ai exposé plus haut, à ce que le moindre prétexte fasse éclater le fanatisme musulman [1]).

L'activité du comité Tachnaktzoutioun est pour beaucoup dans cette exaltation de l'opinion publique arménienne. Ce comité travaille opiniâtrement à amener des collisions entre Arméniens et musulmans afin de mettre à profit le malheur qui pourrait en résulter, pour provoquer une intervention russe et l'occupation du pays par notre armée.

Les membres de ces comités se sont réunis il y a quelque temps au monastère de «Sourp Carabet», près de Mouche, et, après avoir adopté une décision dans le sens indiqué plus haut, ont désigné un délégué pour le Congrès général qui se tiendra à Genève ou à Constantinople.

Actuellement, les Tachnakistes tâchent de se réhabiliter aux yeux des Arméniens paisibles qui s'étaient détournés d'eux, les accusant d'avoir causé le malheur et la misère de la nation arménienne. Ils se conforment à leur nouvelle devise qui est, selon leurs propres termes, d'«*amener ici les Russes*».

---

[1]) Toujours la même rengaine: «fanatisme musulman», à propos d'actes de défense et de représailles de la part des Turcs et des Kurdes. (*Note de l'auteur.*)

Pour arriver à cette fin, les Tachnakistes ont recours à différents moyens et s'efforcent d'amener les Arméniens à des collisions avec les musulmans et spécialement avec les troupes ottomanes. Ainsi, les Comités Tachnakistes de Bitlis et de Mouche, pour semer la panique parmi la population, ont poussé les Arméniens des bazars à fermer leurs boutiques. Ils ont, en outre, armé une bande de révolutionnaires qui, après avoir parcouru, en octobre et en novembre, le casa de «Hizane», a assassiné quelques Kurdes pour venger la mort de «Raphaïl», inspecteur d'écoles arméniennes et partisan du Tachnacktzoutioun. Tout ceci n'avait pour but que d'amener une rencontre entre musulmans et Tachnakistes. Si cela se produisait, les musulmans naturellement attaqueraient les villages arméniens, ce qui aurait comme conséquence l'intervention armée de la Russie. Les notables Tachnakistes de Bitlis déclarent qu'ils commettraient une grande faute s'ils ne profitaient pas de la situation actuelle pour amener ici les Russes. . . .

Les Arméniens des villes, aussi bien que ceux des campagnes, ont, de même que leurs chefs religieux, témoigné toujours de leur penchant et de leur affection pour la Russie et déclaré à plusieurs reprises que le Gouvernement turc est incapable de faire régner ici l'ordre, la loi et la prospérité. Beaucoup d'Arméniens promettent, dès maintenant, d'offrir leurs églises aux soldats russes pour être converties en temples orthodoxes.

L'état actuel des Balkans, la victoire des gouvernements slaves et hellénique sur la Turquie ont surexcité les Arméniens et rempli leur cœur de l'espoir et de la joie d'être délivrés de la Turquie. Les Arméniens, chez lesquels bout le sentiment de la vengeance, considèrent les défaites turques comme un bienfait de Dieu et comme la revanche de la misère et de l'humiliation de leur race. La comparaison entre les villes et les provinces de Bitlis, Erzeroum et Van et celles du Caucase; entre l'état de la population, du commerce et des moyens de communication du Caucase et celui des vilayets habités par les Arméniens, leur dit dans un langage éloquent qu'ils n'ont à attendre aucun bonheur ni aucune liberté de la domination turque [1]. Tous les espoirs des Arméniens et, je crois même, de tous les chrétiens de Bitlis et des environs, sont dans la Russie.

Le Comité Tachnaktzoutioun, moralement déchu aux yeux de la population calme et paisible, tâche de regagner la confiance des Arméniens et, ainsi que je l'ai exposé plus haut, s'efforce d'amener des chocs entre Arméniens et Kurdes, et, en général, entre Arméniens et musulmans, pour troubler la situation et créer un prétexte à l'intervention armée de la Russie.

---

[1]) Comparez cette description à celles du général Mayewsky citées dans le corps de cet ouvrage. Qui croire des deux Consuls? Evidemment celui qui défend la Turquie, puisqu'il n'y a aucun intérêt pour le représentant d'une Puissance essentiellement hostile à une autre, de s'exprimer en faveur de celle-ci, tandis qu . y a avantage à flatter les opinions défavorables de son gouvernement en ce qui la concerne. Nous ne savons si le rapport du Consul de Russie à Bitlis, inséré dans ce recueil sous le n° 3, est du même titulaire que celui qu'on est en train de lire. En tout cas, il est rédigé dans un esprit qui est en contradiction avec celui de cette dernière pièce.

(Note de l'auteur.)

N° 6.

MANIFESTE DU «DACHNAK» APRÈS LA GUERRE BALKANIQUE.

(Très confidentielle.)

5 mars 1913.

Camarades,

La reprise de la guerre balkanique a de nouveau troublé l'horizon politique. Il y en a qui croient qu'à cette occasion la question arménienne entre dans une meilleure phase. En réalité, cela n'est pas le cas. Diverses personnes, différentes institutions, et tout particulièrement notre Comité, ont fait des démarches pour préparer le terrain à la discussion et à une solution favorable de la question arménienne par voie diplomatique. Des lettres arrivées à ce sujet du bureau, nous détachons les importants renseignements suivants:

«Relativement au problème arménien, nous pouvons vous communiquer trois points:

1° la question arménienne ne sera pas comprise, cette fois, dans le programme de la conférence des Ambassadeurs;

2° la France, l'Angleterre et la Russie ont décidé de prendre cette question en main, après la conclusion définitive de la paix;

3° ces trois Puissances sont unanimes dans le désir d'organiser une administration spéciale dans les provinces arméniennes. En d'autres termes, c'est par ce moyen que sera assurée l'application des réformes. Poincaré à Paris, Sir Edouard Grey à Londres, Sassonof à Pétersbourg et leurs amis à Constantinople, ont suggéré cette idée, tout en conseillant d'attendre encore un peu.

Le Comité anglo-arménien de Londres, qui compte dans son sein les membres les plus influents du Comité balkanique, est en pleine activité. Il a présenté un mémoire aux Souverains et aux Cabinets de ces Puissances et en a envoyé copie au Président des Etats-Unis d'Amérique, Taft. D'après nos informations certaines, les Ambassades d'Angleterre, de France et de Russie ont reçu des instructions leur enjoignant de s'occuper de la question arménienne. Nous nous efforçons d'obtenir des autres Gouvernements qu'ils collaborent aussi aux démarches à entreprendre ou au moins qu'ils n'y fassent pas opposition. Ce qui est actuellement certain, c'est que la question arménienne ne sera pas traitée à la Conférence des Ambassadeurs. Le public ne doit pas s'en émouvoir, car il a été décidé que la question de l'Asie-Mineure ne viendra sur le tapis qu'après la solution de celle de la Turquie d'Europe. Le Gouvernement et l'Ambassade de France embrassent avec ardeur notre cause, mais le point le plus important, c'est que des dissensions ne surgissent pas entre la Russie et l'Angleterre par suite de la question arménienne. A Pétersbourg, les Arméniens se sont adressés au Président du Conseil et au Ministre des Affaires étrangères, qui leur ont déclaré qu'ils donneraient des instructions à l'Ambassadeur à Constantinople et leur ont recommandé — ce qui paraît étrange — de faire de la propagande en France et en Angleterre.

Ainsi que nous vous l'avons écrit, le Patriarcat a accepté immédiatement et intégralement nos propositions. On nous demande maintenant d'indiquer nos points de vue motivés et détaillés. Nous nous en occupons et espérons pouvoir faire connaître bientôt les lignes principales de notre programme.

Deux délégués arméniens sont arrivés de Pétersbourg pour se mettre en rapport avec les cercles arméniens de Constantinople et en sont repartis après avoir obtenu d'importants renseignements sur les questions qui les intéressaient. On nous écrit qu'à Van, nos «Bandes de défense personnelle» ont fait impression sur les Kurdes et que même le Gouverneur Général commence à abandonner sa politique pour se rapprocher de notre organisation.

En même temps que les questions politiques, il y a celle de la défense personnelle qui est pour nous d'une importance capitale. La situation dans certaines zones est devenue insupportable pour l'élément arménien et il nous faut tourner toute notre attention vers ces parages pour pouvoir échapper à la tourmente qui nous menace. (Tourmente que les Comités avaient tout fait pour provoquer. Non seulement ils trompaient les étrangers, mais ils cherchaient à faire des dupes parmi les leurs).

Camarades,

Vu la situation présente, nous prions nos succursales :

1° de réunir et nous envoyer de suite les cotisations de nos adhérents pour 1913;

2° de donner des instructions à l'association du Croissant-Rouge et aux sociétés musicales, théâtrales et autres, relevant du Comité Tachnaktzoutioun pour qu'elles redoublent d'activité en faveur de la «Défense personnelle»;

3° de continuer leur propagande et leurs réunions, avec la certitude que la meilleure partie de la population est avec nous;

4° de renforcer la souscription «Pro Vita» ouverte par le journal *Haïrenik;*
5° de faire des quêtes au profit de la «Défense personnelle» dans les fêtes, les mariages, les banquets et les autres réunions.»

Dans la suite de ce document, il est question de l'importance de l'organisation de la «Défense personnelle». On y donne quelques extraits des publications du journal *Trochak* sur cette organisation que quelques chefs du Comité ont introduites en Turquie et on y parle de l'état des bandes en Perse et de l'attitude ferme prise, vers ce temps-là, par les Consuls de Russie à Erzeroum, à Bitlis et à Van, où l'agent russe aurait menacé le Vali de l'arrivée des troupes moscovites à travers l'Azerbaïdjan pour rétablir l'ordre, si les Arméniens se trouvaient tant soit peu en danger.

N° 7.

PROCÈS-VERBAL DU CONGRÈS HINTCHAKISTE tenu à Constanza en 1913.

(On y trouve une explication des Arméniens à leur façon du projet d'*Union et Progrès* d'ottomanisation de l'Empire.)

Constanza, le 17 septembre 1913.

Situation en Turquie du Comité Hintchakiste S. D. — Comme conséquence de la Constitution ottomane proclamée le 10 juillet 1908, à la suite d'une révolte militaire, il était nécessaire que les différents éléments se trouvant en Turquie conservassent leur existence nationale et que, parmi ceux-ci, les Arméniens eussent les moyens de se développer conformément à leurs principes nationaux, en dehors de toute pression administrative.

La nation arménienne qui, après avoir passé soixante-deux ans dans la révolte et les combats[1]), *se voyait condamnée à disparaître, avait besoin d'un repos, ne fût-ce que temporaire, pour reprendre des forces et reparaître sur la scène politique.*

Comme les promesses de la Constitution paraissaient restreintes, notre Comité travaillait à faire mûrir les idées qu'il propageait, espérant ainsi profiter, dans la mesure du possible, des conditions existantes. C'est pour cela qu'au sixième Conseil des délégués du Hintchak, celui-ci ne nourrissait aucune idée de séparation d'avec le Gouvernement constitutionnel ottoman, et avait décidé de se présenter à lui sous une forme légale pour donner libre cours à son activité.

Dans cette période de quatre à cinq ans, on comprit que la Constitution ottomane ne contenait que des mots et aucune promesse réelle, que les lois gouvernementales visaient à opprimer tous les partis politiques et spécialement la gauche et l'extrême gauche, et que l'idéal administratif et les nouvelles organisations n'avaient pour but que d'absorber et d'anéantir les différents éléments. Et on vit l'incapacité de la nation dominante à donner corps à un nouveau gouvernement. On sait qu'une oligarchie règne dans le Comité *Union et Progrès* qui tient actuellement entre ses mains les rênes de l'administration. Ce parti a pour programme de

---

[1]) C'est nous qui avons souligné cette phrase.

(L'auteur.)

conserver la bureaucratie turque et de ne pas permettre la fondation d'un gouvernement progressiste. Son but apparent est d'unifier les différents éléments, mais la politique qu'il poursuit est de tenir ces éléments sous une pression constante pour les annihiler en cas de besoin. Quant au Gouvernement, il encourage et poursuit impitoyablement la politique d'anéantissement des Arméniens inaugurée par les classes dominantes qu'il tient sous la main. On voit la nation arménienne arrivée au point de disparaître par l'effet de cette politique et des forces dont on s'est toujours servi contre elle, et il est naturel que, dans ces conditions, elle ne puisse plus poursuivre la réalisation de ses principes. Les Arméniens sont convaincus qu'ils doivent dorénavant prendre une attitude ferme et courageuse pour se débarrasser des classes dominantes et arrêter l'épée meurtrière suspendue sur leurs têtes [1]).

Le septième Conseil général des délégués du parti Hintchakiste S. D. a décidé, à l'unanimité moins une voix, que, pour obtenir les droits individuels et nationaux qu'on ne saurait plus s'assurer par des moyens légaux, il serait plus opportun d'être dorénavant dans une posture illégale et de donner une plus grande impulsion aux luttes de parti, jusqu'à ce que surgissent de nouvelles conditions politiques et économiques.

Passage de la légalité à l'illégalité. — Avant la réunion du septième Conseil général des délégués, il avait été convenu de réorganiser et de centraliser toutes les sections de Turquie et de l'étranger

---

[1]) Les Comités faisaient du socialisme pour s'adjoindre les masses dans leurs entreprises politiques.

(Note de l'auteur.)

sous une forme légale. Mais, vu la situation actuelle, le septième Conseil des délégués du parti Hintchakiste S. D. a décidé:

1° de dissoudre le Conseil Administratif du Comité de Turquie — qui n'a pu gagner la confiance des autres sections de l'Empire Ottoman, ni satisfaire aux exigences actuelles du parti — et de nommer à sa place un nouveau Conseil;

2° de donner désormais simplement le nom de «Conseil Administratif de Turquie» au Conseil Administratif Central qui est le siège suprême du pouvoir exécutif des succursales du Comité en Turquie;

3° les membres du Conseil Administratif de Turquie étant élus par les succursales du Comité dans l'Empire Ottoman, d'investir ce Conseil d'une certaine autorité vis-à-vis du Conseil Administratif du Siège Central, tout en subordonnant ses décisions à la ratification du dit Siége;

4° tout en conservant, en apparence, les succursales et les autres organisations dans leur état actuel, de tâcher de fonder de nouvelles succursales secrètes et, d'accord avec les membres actifs et les délégués de notre Comité, et conformément aux instructions du Conseil Administratif du Siège Central et aux communications du Conseil Administratif de Turquie, de travailler sous main à maintenir une activité illégale;

5° de modifier l'ancien règlement intérieur en l'adaptant aux circonstances actuelles, et d'abolir les principes politiques et économiques suivis jusqu'à présent pour les remplacer par ceux dernièrement adoptés par notre Comité, tout en désignant les membres actifs qui auront à les appliquer.

MODIFICATIONS GÉNÉRALES ET PARTICULIÈRES.

L'Arménie indépendante. — Tout en n'intervenant pas dans la question des réformes générales et particulières que le Gouvernement ottoman veut introduire en Arménie, et sans s'opposer à ces réformes, le Comité Hintchakiste S. D. *pleinement convaincu que la population d'Arménie, à quelque élément qu'elle appartienne, ne saura pas vivre en sûreté et prospérer, et que la nation arménienne ne pourra préserver son existence nationale contre les attaques de l'intérieur et de l'extérieur que par la formation d'une Arménie indépendante, a décidé de défendre cette idée*[1]).

L'incapacité notoire, l'ignorance, les relations extérieures et les penchants politiques de l'élément dominant turc et des hommes d'Etat qui sont à la tête des affaires, étant connus de longue date, la défense de l'idée de l'indépendance arménienne sous le contrôle de l'Europe s'impose....

N° 8.

NOTE PRÉSENTÉE PAR LE PATRIARCHE ARMÉNIEN

à l'Ambassade de Russie par l'entremise du premier drogman de cette Ambassade au sujet du projet des réformes en Anatolie Orientale.

Cher ami,

Notre Conseil national me charge d'exprimer sa profonde gratitude à M. l'Ambassadeur au sujet de la fermeté qu'il déploie pour conserver intacte

---

[1]) C'est nous qui avons souligné cette phrase. (*L'auteur*).

la formule qu'il croit seule de nature à sauvegarder nos droits dans la nomination de l'Inspecteur-Général.

Le Conseil attend avec une anxiété très compréhensible le projet de la note que la Porte doit communiquer aujourd'hui à l'Ambassade Impériale avant de le communiquer officiellement aux Puissances.

Etant donné les habitudes de la Porte, il est à prévoir que, soit dans les pouvoirs de l'Inspecteur-Général, soit dans la participation des non-musulmans dans les Assemblées, dans les Conseils, dans les fonctions publiques, et soit enfin dans les autres dispositions, elle essayera de saboter les formules proposées par l'Ambassade Impériale. Le Conseil espère qu'il pourra présenter son avis à ce sujet en temps utile. Vu l'atténuation apportée à la formule de nomination, il devient indispensable d'y suppléer par la conservation intégrale de toutes les autres dispositions.

19/1er janvier 1914.

N° 9.

Kighi, 31 janvier 1913.

A nos camarades bien-aimés de la Section de Constantinople au Comité HINTCHAK.

....Nous ne voulons pas nous mesurer avec des gens aussi frivoles. Nous avons extrêmement besoin d'armes. L'argent est prêt. Le point important de la question est l'envoi des armes ici. Nous attirons votre attention là-dessus.

Pour le Comité :
Le Président, L. Mardirossian.

N° 10.

Ville de Kighi, 23 janvier 1913.

A Mourate le héros.

La question des armes est celle qui nous préoccupe le plus. Très peu parmi les affiliés de la bande Hintchakiste qui se trouvent sous notre administration sont armés. D'après moi, l'affiliation aux Comités ne sert à rien, si elle n'est que platonique et sans aucune activité.

Pour le Régiment S. Lays :

Le Secrétaire en chef, K. Postadjian. *Le Président,* Vahan Zeïtounlian.

N° 11.

A LA SECTION DE CONSTANTINOPLE
du Comité Hintchak.

....Les armes de notre Comité consistent, quant à présent, en 60 grands « Moussine », 2 fusils russes à gâchette et 3 revolvers.

Pour le Comité :

Le Secrétaire en chef, K. Salak. *Le Président,* K. Dadjad.

N° 12.

Le 20 février / 5 mars 1914.

A LA SECTION D'ALEXANDRIE
du parti Ramgavar.

Camarades,

Nous avons reçu votre lettre du 24 janvier et vous remercions pour les sentiments affectueux exprimés à l'égard de la Section centrale de Constantinople.

1° La question des armes est une question fondamentale. Naturellement personne ne peut en nier la nécessité ;

2° notre Section centrale, se conformant à la décision du Conseil des délégués déclare que ses droits ont été sauvegardés selon les dispositions du chapitre spécial du Règlement intérieur.

Unir notre activité en conformité de vues avec le Comité Hintchak, c'est là notre vœu le plus ardent. C'est dans ce but que notre Section a travaillé, qu'elle travaillera aussi à l'avenir. Il n'est pas du reste difficile de s'entendre à ce sujet avec le Ragazmiak-Hintchak, car, en principe, il n'existe entre nous aucun sujet de divergence.

Actuellement, il est pour nous aussi indispensable de nous unir au plus tôt, que d'agir de concert. Pour arriver à ce but, les groupes compétents du Ramgavar et du Hintchak devraient s'entendre avec le Tachnaktzoutioun et le Veragazmial-Hintchak.

Pour la Section centrale de Constantinople
du Comité Ramgavar :

Le Secrétaire, Hatchik Inglisian. *Le Président,* Diran Kélékian.

N° 13.

LETTRE DU DACHNAK A LA DÉPENDANCE DE DAMAS.

Constantinople, le . . . . . . 1914.

....C'est le 21 septembre 1914 que le Gouvernement ottoman décréta la mobilisation. Ce jour-là même, on constata une activité extraordinaire au siège du Comité Tachnaktzoutioun à Constantinople. Les chefs se réunirent et donnèrent à leurs succursales en province des instructions chiffrées. La même activité se remarquait au Hintchak, au Ramgavar et au Veragazmial. Tous ces Comités qui s'étaient déjà unis par la question des réformes, faisaient en ce moment des efforts pour maintenir et consolider cette union.

Si les Russes avancent en deça de la frontière et que les troupes ottomanes se retirent, on devra se soulever de tous les côtés à la fois en usant de tous les moyens dont on dispose. L'armée ottomane sera prise entre deux feux. On fera sauter tous les édifices de l'Etat, on occupera les forces du gouvernement à l'intérieur et on s'attaquera aux convois de ravitaillement. Par contre, si l'armée ottomane avance, les soldats arméniens quittant leurs bataillons avec leurs armes, formeront des bandes et se joindront aux Russes.

N° 14.

Avant la guerre, le journal *Arève* paraissant à Bakou, avait dans son numéro du 11 septembre 1914, publié l'article suivant :

« MOMENTS DÉCISIFS. »

« Les événements qui se déroulent aujourd'hui à nos frontières, ce qui se passe autour de nous, méritent toute notre attention. Ces moments-ci sont importants non seulement pour l'histoire russe, mais aussi pour nous Arméniens. Un peuple tenu depuis des siècles dans les chaînes de l'esclavage et dont on a cherché à anéantir le suprême idéal, se dresse aujourd'hui devant nous et demande la solution de la question arménienne. Les Arméniens ont accompli des prodiges dans ce but et, tout particulièrement dans le dernier quart de siècle, ils ont produit des héros et des hommes dévoués qui ont toujours combattu contre leurs adversaires avec courage et fermeté.

Il faut donner une fin à la question des Arméniens ottomans et clore la tragédie vécue depuis des siècles par une population honnête, active, laborieuse et vertueuse.

Depuis le Congrès de Berlin jusqu'aujourd'hui, les Puissances européennes n'ont rien fait pour nous. Dans les périodes de paix, nous avons eu recours vis-à-vis du Gouvernement ottoman à une politique faible et inefficace, mais aujourd'hui, un cyclone enveloppe le monde et chaque peuple cherche à assurer son existence et à avoir une place au soleil. Aujourd'hui, la question des nationalités a surgi sous une nouvelle forme et avec une vigueur sans précédent dans l'histoire. A un moment où se jouent les destinées de toutes les nations grandes et petites, devons-nous sommeiller ? Les Arméniens ont une existence plusieurs fois séculaire, mais ils ne s'étaient jamais trouvés en présence d'un moment historique aussi important. Nos devanciers ont pu sauver une nation de la destruction et la préserver jusqu'aujourd'hui. Ils ont défendu les vertus et les qualités arméniennes contre les assauts et les attaques qui nous venaient de l'Asie et, c'est grâce à cela, qu'aujourd'hui, quoique politiquement faibles et petits, nous comptons au nombre des nations. Devons-nous maintenant abandonner la place et nous retirer honteusement, ou bien travailler à nous préparer un avenir convenable ? Voilà la question qui se pose en cet important moment à notre génération.

Les nations se démènent : les frontières sont en mouvement, chacun veut être maître de son histoire. Dans ces graves journées, la jeunesse arménienne et les Arméniens doivent songer à l'héritage que leur ont légué les générations passées et à ce que nous attendons du lendemain. *Les Arméniens du XIXe siècle surmontant les difficultés que l'histoire avait accumulées autour d'eux, de Van à Constantinople, de Zeitoun à Sassoun, d'Erivan à Chiras, à Lor et à Karabagh, ont tâché de créer une nouvelle Arménie.*[1]) C'est cette nouvelle création qui se trouve aujourd'hui en face de si importants événements. Elle pourra disparaître ou, par contre, se développer et grandir comme d'autres petites nations au XIXe siècle. Demain ou après-demain, des événements historiques peuvent se produire à la frontière et les bruits de la guerre générale avoir leur répercussion à l'horizon de l'Arménie. Les Arméniens doivent être préparés à ce lendemain et l'accueillir en agissant et non pas par de simples appels à la concorde et à l'union. Jusqu'à présent, ce n'est qu'une partie du peuple arménien qui s'est sacrifiée et a supporté tous les périls et les peines. N'est-il pas enfin temps que ceux qui critiquent à tort et à travers les Comités, se fassent enfin voir et remplissent leurs devoirs nationaux ?

Les âmes héroïques de nos glorieux ancêtres nous contemplent aujourd'hui, Arméniens ! Serons-nous à même de les comprendre et, dans ces graves journées, pourrons-nous réaliser cette vie nouvelle

---

[1]) Soulignement par l'auteur.

pour laquelle ils avaient commencé à lutter à une époque pleine de périls et sous les pires conditions ?...»

N° 15.

PROCLAMATION DU HINTCHAK
dans le journal du même nom immédiatement après l'attentat de Serajevo.

«....Le Comité Social-Démocrate Hintchak qui depuis plus d'un quart de siècle marche à travers des sentiers ensanglantés pour assurer la délivrance de l'élément arménien exposé à toutes les exactions et privé de tous ses droits, profite des circonstances politiques actuellles pour sonner la cloche de la révolte et du combat et, du sommet du Taurus et des confins de l'Arménie, descend dans l'arène pour noyer dans le sang la tyrannie ottomane.

Le Comité Hintchakiste, réunissant ses forces matérielles et morales, participera avec le sabre de l'insurrection à cette lutte gigantesque pour l'existence des nations et, en qualité d'alliée de la Triple-Entente et particulièrement des armées russes, et avec toutes les forces et les moyens révolutionnaires et politiques dont il dispose, aidera les Ententistes à remporter la victoire en Arménie, en Cilicie, au Caucase et dans l'Azerbaïdjan et, guidé par les nécessités patriotiques accomplira son devoir envers lui-même et envers la civilisation.

Que les héros disposés à sacrifier leur vie pour la délivrance de l'Arménie, se jettent dans l'arène avec leurs forces matérielles et morales afin que, dans le Congrès de demain, les Arméniens aussi puissent prendre place, fiers du sang qu'ils auront versé pour leur cause et celle de la civilisation et parviennent à assurer leur indépendance sous l'égide de leur patrie et de la Triple-Entente, en prouvant leur droit à la vie et à la liberté politique. Que l'aube de la guerre apparaisse et éclaire de sa lumière le droit, la justice, la liberté et la fraternité.

En avant donc, camarades, et à l'œuvre! Par notre mort, étouffons la mort qui menace l'Arménie pour que celle-ci vive à jamais!!!»

«Le Siège Central du
Comité Hintchakiste Social-Démocrate.»

IIe SÉRIE.

DOCUMENTS

relatifs aux atrocités commises par les Arméniens et à leurs actes d'hostilité ouverte contre le Gouvernement Ottoman à l'occasion de la guerre actuelle — atrocités et actes d'hostilité datant du lendemain même de l'explosion de celle-ci — et servant de justification immédiate aux mesures adoptées par la Sublime-Porte à l'égard de la population arménienne habitant l'Anatolie orientale.

N° 1.

DÉPOSITION

sous serment d'Ali, fils de Suleiman, originaire de Bitlis, émigré actuellement au village de Kayalou de Mardine (vilayet de Bitlis).

C'était vers la fin de février 1915. Les Arméniens de Bitlis et de Van, qui avaient appris de bonne heure que les Russes voulaient occuper Bitlis, se ruèrent sur la population musulmane et se mirent à la massacrer sans pitié, lui barrant le chemin afin de l'empêcher de s'enfuir. Entre temps, mon beau-frère Ali, de 21 ans, sa mère Rébiché, Cheïkh Ahmed de Kazaran, sa femme et un de ses serviteurs; nos voisins Ahmed Oglou et son enfant en bas âge, un octogénaire Hassan, son fils Izzet et deux soldats malades en congé furent victimes de la férocité de ces barbares qui les mirent en pièces.

De notre famille, qui se composait de 17 personnes, 5 seulement ont pu échapper au massacre et cela avec mille difficultés. Un bébé de ma nièce fut jeté en l'air et taillé en deux en retombant par ces bandits arméniens.

Ils violèrent les jeunes filles et ensuite ils les traînèrent toutes en sang dans les rues. En somme, des crimes inouïs et indescriptibles ont été commis par les Arméniens sur l'élément musulman.

N° 2.

DÉPOSITION

sous serment d'Abdul Razak, fils de Kiamil, originaire de Bitlis, se trouvant comme émigré au village de Kayalou de Mardine (vilayet de Bitlis).

Lors de l'occupation de la ville, nous nous rendions matinalement, avec les familles de mon oncle et de mon frère, au pont d'Arablar. Les Arméniens barrèrent notre route et tuèrent devant nous mon frère, Tcherkess Daout Oglou, Abdul Kadir et sa sœur Eminée.

Nous nous dispersâmes de tous les côtés et, des dix-huit personnes formant notre convoi, cinq seulement ont pu se sauver et arriver à Mardine. Le reste, y compris nos propres enfants, furent emmenés prisonniers ou mis à mort.

N° 3.

VILLAGE DU COLPIK

dépendant du Caza de Hizan.
Dépositions sous serment de Eboubékir et de Abdul Kérim du dit village (vilayet de Bitlis).

Nous nous trouvions dans des endroits en avant de notre village. Quelques notables s'étaient rendus à Bitlis. A leur retour, ils nous ont renseignés sur la chute de Bitlis. Ayant appris que l'ennemi s'avançait du côté de la commune de Tatique, une partie de nos hommes s'y est rendue dans le but de l'arrêter, tandis que l'autre partie se dirigeait vers Kardjian. Dans l'engagement qui eut lieu avec l'ennemi, nous nous rendîmes compte de l'impossibilité de lui résister longtemps et nous nous empressâmes de sauver nos familles. Pendant ce moment critique, l'ennemi, composé de Russes et en grand nombre d'Arméniens, fit irruption dans notre village par deux points différents et se mit à massacrer la population et à incendier les maisons. Quelques-uns d'entre nous ont pu se sauver; mais 150 personnes, parmi lesquelles des femmes, des hommes, des garçons et des filles, n'ont pas pu se sauver et furent tous passés au fil de l'épée.

Ces Arméno-Russes ont commis de tels forfaits qu'à notre retour dans notre village, personne n'a pu retenir ses larmes. Des hommes et des femmes nus, attachés l'un à l'autre, étaient pendus aux arbres; des femmes aux têtes tranchées, aux mamelles coupées, avaient sur leur sein des enfants fendus en deux; les jeunes filles belles avaient été emportées et les autres moins belles mises à mort. Les parties sexuelles des victimes étaient déchiquetées. Les meubles qui convenaient à ces brigands avaient été pris par eux, les autres brûlés sur place.

N° 4.

DÉPOSITION

sous serment de Ahmed Nourredin effendi, ex-Mudir de la commune Akdjan, actuellement sous-gouverneur intérimaire du Caza Bervari (vilayet de Bitlis).

La mobilisation générale fut décrétée par le Gouvernement et, un mois après, je fus appelé au poste de Mudir de la commune Akdjan. Feu Servet bey, alors Gouverneur de Mouche, avait été très indulgent et affable envers toute la population du Sandjak sans distinction de race, ni de religion. Pourtant, les Arméniens de Mouche ne manquaient pas, quand l'occasion se présentait, de créer des difficultés au Gouvernement dans la perception des impôts et le recrutement des soldats. Nous voyions clairement les menées subversives des prêtres arméniens et des Tachnakistes russophiles. La plupart des villages arméniens, sous l'effet des suggestions séditieuses, ne tardèrent pas à commettre des actes de sauvagerie. En effet, les Arméniens invitaient les soldats, volontaires et miliciens, dans leurs habitations, sous prétexte de leur donner du pain et de l'eau et, de là, ils les attiraient vers les endroits enclos et solitaires où ils les etranglaient, leur crevaient les yeux, leur tranchaient la tête. Surtout, ils ne reculaient devant aucun crime pour s'approprier les fusils des soldats. Les atrocités des Arméniens avaient eu lieu en grande partie dans le village «Avran», qui comprend 300 habitations. C'est dans ce village que nous avons ouvert une enquête qui amena la découverte suivante:

Aux alentours d'une maison appartenant à un Arménien, membre du Comité Dachnak, nous avons découvert un puits dont l'orifice était très étroit et ingénieusement fermé. Lorsque j'ai fait enlever le couvercle, des émanations fétides et nauséabondes s'exhalèrent. J'y fis descendre un homme qui nous informa que l'intérieur du puits était plein de cadavres humains. Nous les avons fait retirer pour établir leur identité. Les victimes étaient au nombre de 19 et n'étaient autres que des soldats malheureux et innocents. L'état des cadavres montrait que ces crimes odieux n'avaient été commis que trois ou quatre jours auparavant par ces Arméniens qui jouissent depuis 400 ans de la bienveillance du Gouvernement Ottoman. Nous avons quitté le village après avoir inhumé les corps de ces soldats si traîtreusement égorgés par les Arméniens.

N° 5.

DÉPOSITION

sous serment, par devant le Mudir de Hani, de Mehmed Résoul Abdurrahman Oglou, âgé de 18 ans, un des réfugiés de Mouche.

Je fus blessé au combat qui eut lieu vers mi-janvier 1915 près du village Betkevo. Moi et mes trois camarades malades, n'ayant pas suivi l'armée dans sa marche, nous fûmes capturés par huit ennemis, lesquels crevèrent d'abord les yeux au soldat Hussein, un de mes camarades, après quoi ils lui dirent: «Lève-toi et regarde, est-ce qu'il y a des soldats ottomans qui viennent?» Puis ils l'entraînèrent dans un vallon et là ils le fusillèrent. Ce forfait commis, ils attrapèrent encore l'autre de mes camarades; ils le mirent également à mort après l'avoir torturé terriblement. Le tour de mon troisième camarade arriva. Alors, ils lui coupèrent l'organe génital qui fut placé dans sa bouche et puis il fut égorgé. J'ai reconnu parmi les bourreaux trois Arméniens qui sont: Kéchich oglou Aran, du quartier Jakar à Mouche; Bagdasar Keurup oglou Alexan, et Hrant (fils de l'avocat Hrant), du quartier Bach à Mouche. Les cinq autres étaient des soldats russes. Ces bandits s'approchèrent de moi et tout en me disant que tels seraient le sort et la fin de tous les musulmans, ils firent du feu dans lequel ils ont rougi le guidon de fusil avec lequel ils m'ont cautérisé le corps dans vingt-quatre endroits. Je poussai des cris déchirants lorsqu'un soldat russe vint me délivrer de la torture et, me prenant à part, me dit qu'il se nommait Abdul Malik, était un musulman de Kasan, et qu'il pouvait me sauver. Mes huit persécuteurs, les soldats russes et moi, nous nous mîmes en route; une centaine d'individus, composés de cosaques et d'Arméniens, nous rejoignirent. Nous prîmes la direction du village Til, lorsque nous rencontrâmes environ 800 émigrés musulmans des deux sexes et de tout âge. Les cosaques, ainsi que les bandes arméniennes, les assaillirent et les exterminèrent sans exception. Nous arrivâmes vers le soir au village Til. Les Arméniens avaient amené avec eux deux femmes musulmanes enlevées lors du pillage du village Kara Miché. Les deux femmes en question étaient enceintes. Elles furent placées au milieu des Arméno-russes; deux soldats russes et deux Arméniens parièrent deux médjidiés sur le sexe des enfants que portaient les femmes enceintes. Sur ce, ils leur fendirent le ventre avec des couteaux. Ils retirèrent un garçon de l'une d'elles, tandis que le fœtus de l'autre donna lieu, pour la détermination de son sexe, à des conjectures. Cinq minutes après, quatre Russes et six Arméniens emmenèrent six jeunes filles musulmanes. Parmi les dits Arméniens, j'en ai reconnu un qui était du village Ziaret (Mouche). Les filles furent mises sur une rangée. Un officier russe arriva, choisi une d'elles et l'emmena. Alors les soldats russes ordonnèrent aux filles de faire leur prière (namaz). Au cours de leurs dévotions, elles furent l'objet de viols contre nature. En même temps, les cosaques me montrant aux Arméniens leur disaient: «Demandez à ce soldat si la prière des musulmans est faite de cette manière. Dites-lui que nous ferons faire de cette façon la prière à tous les musulmans.» J'ai passé trois nuits dans le village Til. Quoique souffrant énormément de mes blessures, j'ai pu m'enfuir grâce au soldat russo-musulman. Vers l'aurore, j'arrivai sur les collines dominant le village Kasan. Des cris déchirants étaient poussés de l'intérieur du village. Lorsqu'il fit jour, je m'aperçus que les Arméno-russes massacraient les habitants musulmans du village. Pétrifié de terreur, je n'ai pu quitter la place qu'à la tombée de la nuit. Dans l'obscurité, je me mis en route et, exposé à des dangers et à des difficultés de toutes sortes, j'arrivai à Hani.

N° 6.

DÉPOSITION

sous serment de l'agent de police de Bitlis, Yassin effendi, fils de Hadji Ahmed, se trouvant en service à Mardine (vilayet de Bitlis).

Lorsque la ville de Bitlis fut occupée, je me trouvais, vers les 10 heures de la nuit, au corps de garde. Ma sœur, prise d'effroi, arriva et me déclara que la ville venait d'être envahie par l'ennemi. Lorsque nous sortîmes, avec mes camarades, dans la rue, nous vîmes les habitants qui s'enfuyaient. On entendait les détonations de milliers de fusils et de mitrailleuses.

Pour sauver ma famille, je fus obligé de me diriger vers l'endroit dit «Arabe Keupri», à une demi-heure de Bitlis.

Derrière nous, les troupes russes et les bandes arméniennes massacraient sous leur feu nourri tous les musulmans qui essayaient de leur échapper, tandis que de l'autre côté les cosaques russes les écrasaient, sans en épargner aucun, sous les sabots de leurs chevaux.

Les cris de détresse et les gémissements des enfants abattus à coups de lance par les cavaliers russes s'élevaient de tout côté. Un tout petit groupe est parvenu à se sauver miraculeusement comme nous. Pendant notre fuite, Mehmed Vehbi effendi, commissaire-adjoint, fut blessé au pied et nous dûmes le porter sur notre dos.

Tous ceux qui ne purent s'échapper furent victimes des hordes russo-arméniennes. Parmi les nombreuses victimes se trouvaient les personnes suivantes de ma connaissance: Vefik bey, directeur intérimaire de la police de Van; Ali effendi, agent de police; Suleïman effendi, commissaire-adjoint; Remzi et Saïd effendis, de Van, en service à Bitlis; Hamdi et Ressoul effendis, agents de police à Bitlis; Chaban Vehbi effendi, greffier en chef du tribunal de Bitlis; le célèbre savant Molla Saïd Kurdi, avec ses vingt disciples, et Abdurrezzak, fils de Hadji Isshak, négociant.

N° 7.

DÉPOSITION

sous serment de l'agent de police de Van, Suleiman effendi, fils de Sadoullah, se trouvant actuellement en service à Mardine (vilayet de Van).

A l'approche des Russes de Van, tous les Arméniens de la ville et des villages environnants commencèrent à s'agiter et se livrèrent à des démonstrations hostiles contre les Autorités ottomanes. Ils n'obéissaient plus aux règlements administratifs (en matière du paiement de l'impôt et n'accomplissaient plus leur service militaire) et allaient s'adjoindre à l'armée russe qui s'approchait. Ils rôdaient de village en village, attaquaient les passants et tuaient tout musulman qu'ils rencontraient sur la route. Ils massacraient aussi les soldats malades qui se rendaient en congé à leurs villages.

Après quelque temps, les Arméniens de Van se révoltèrent ouvertement contre le Gouvernement impérial et commencèrent, dans les rues de la ville, à attaquer à main armée les gendarmes, les soldats, les agents de police. Ils tuaient tout musulman qui tombait entre leurs mains et tiraient sur les gens qu'ils voyaient aux fenêtres ou bien devant les portes des habitations musulmanes.

(Cela dura 27 jours). Après l'occupation de la ville par l'ennemi, les Arméniens redoublèrent de férocité. Ils couraient sus aux fugitifs et les tuaient dans les rues. Des centaines d'hommes, de femmes et d'enfants musulmans qui étaient restés dans la ville, furent torturés et égorgés par ces bandes arméniennes.

Une partie des habitants, qui fuyaient sur trois voiliers, furent exterminés par les Arméniens à l'échelle de Tarkat, du district de Adildjavaz. Les agents de police Djélal, Hachim et Moustafa effendis, qui accompagnaient ces malheureux émigrés, furent blessés pendant la mêlée et arrivèrent à Bitlis après beaucoup de difficultés et de souffrances.

Les habitants des villages de Zivé, de Molla Kassim, de Cheïkh Kara, de Cheïkh Ainé, d'Ayans, de Zorayad, de Pakes, dépendant de la commune de Timar, ont été exterminés par les bandes arméniennes comme les habitants d'autres villages.

Avant l'occupation de Van par les Russes, Chéïkh Zadé agha; Risa Memo, gendarme à cheval; Hodja Hassan effendi, ancien sous-chef de la comptabilité de Van, et sa famille, composée de six personnes; Rassim effendi, professeur à l'école Ruchdié, et sa famille, et d'autres personnes ont été tous massacrés par les Arméniens de la ville. Le lieutenant Hussein effendi a été attaqué dans sa maison et sa fille Nadidé blessée et violée. D'autres femmes et jeunes filles musulmanes ont été également violées et des milliers de maisons brûlées (avec leurs habitants).

N° 8.

DÉPOSITION

sous serment de Mehmed Toufan effendi, fils du Major Essad effendi, juge suppléant au tribunal à Hakiari.

Les Arméniens de Turquie nourrissaient depuis longtemps l'idée de l'indépendance et travaillaient par tous les moyens en leur pouvoir à détacher une partie de l'Empire à leur profit.

Dès la déclaration de la guerre générale, des bandes arméniennes formées d'avance entrèrent en activité et se firent les éclaireurs et les estafettes des troupes russes se trouvant à la frontière persane. Ils appelèrent les Russes et les introduisirent le 9 novembre 1330 (1914) dans le village de Dir, chef-lieu de la commune de Chikefti, du district de Hekguiari.

Pendant que les Russes occupaient Dir, ces bandes massacraient de leur côté tous les habitants mâles des villages kurdes qui se trouvaient sur leur chemin et passaient au fil de l'épée des milliers d'enfants.

Plus de 400 femmes et jeunes filles kurdes furent violées. Les femmes âgées furent massacrées.

Avant que l'ennemi occupât Bach-Kalé, chef-lieu de l'arrondissement, les bandes arméniennes entrèrent dans la ville, le mardi 17 novembre; ils établirent à l'église arménienne une soi-disant administration d'état de siège sous la présidence d'Ossep, fils de Hatcho, et emprisonnèrent dans une des annexes du bâtiment plus de 200 musulmans auxquels ils firent subir toutes sortes de supplices pour leur extorquer de l'argent.

D'autre part, les membres des Comités arméniens se trouvant sous le commandement de Carabet, ex-juge au tribunal, entraient dans les maisons des musulmans et des israélites qu'ils dévalisaient après avoir violé les filles et les femmes.

C'est de la sorte que les maisons de tous les fonctionnaires et des habitants, entre autres celles de Chéïkh Taha, Cheïkh Youssouf, Cheïkh Seïd Ibrahim et Ali effendis, furent pillées et saccagées par ces Arméniens. Mes effets et mes meubles, ainsi que mes bijoux, d'une valeur de 300 livres turques, furent saisis et emportés. De plus, ils vidèrent les dépôts de ravitaillement de la commission de réquisitions, ainsi que les magasins de Gouril oglou et d'autres commerçants musulmans. Suleïman Gouril oglou fut conduit à l'église où ils lui extorquèrent 1000 livres en lui faisant subir toutes sortes de supplices.

L'ennemi resta treize jours à Bach-Kalé. Pendant ce temps, les Arméniens donnèrent libre cours à leur sauvage hostilité contre l'élément musulman, dont ils ne respectèrent pas les mosquées qu'ils profanèrent de leurs orgies. Au moment où les Russes furent chassés de la ville, les Arméniens se barricadèrent dans les maisons et luttèrent toute la journée. Ne pouvant tenir tête aux assauts de nos troupes, ils prirent la fuite et se joignirent aux Russes en ne laissant derrière eux que des villages en ruines et jonchés de cadavres.

Partout où ils avaient passé, gisaient des corps de femmes éventrées avec des mamelles coupées, des enfants mis en morceaux, des jeunes filles violées, des hommes aux yeux crevés. Il est impossible d'énumérer toutes les cruautés commises par les Arméniens.

N° 9.

DÉPOSITION

sous serment de l'épicier Mouheddin effendi, fils de Hussein, âgé de 45 ans et originaire du quartier Tache de Bitlis, se trouvant actuellement comme émigré à Saver (vilayet de Bitlis).

C'était à la fin du mois de février de l'année 1331 (1915). Un vendredi soir, lorsque je me trouvais chez moi, des bruits tumultueux et des coups de fusils interrompus venant de tous les côtés de la ville signalèrent l'arrivée de bandes russo-arméniennes. Je sortis tout de suite dans la rue. Ces bandes étaient déjà en train de massacrer. Aussitôt, je suis rentré chez moi pour me sauver avec ma famille. Dans la rue, voyant qu'on mettait en pièces le secrétaire Fazil effendi, de Viran, je fus obligé de fuir avec ma famille du côté de l'Hôtel gouvernemental. Là, les rues étaient occupées par des bandes qui tuaient et mettaient en morceaux sans distinction tous les musulmans, hommes, femmes et enfants, qui se rendaient de ce côté. Ne trouvant pas une issue pour me sauver de ce côté-là, je tentai, pour ne pas tomber entre les mains de l'ennemi, de me suicider en me jetant dans le fleuve qui traverse Bitlis. Mon frère Moussa me retint et nous nous sauvâmes grâce à la Providence du massacre général.

Parmi les milliers de victimes se trouvaient les notables suivants: 1° Tossou effendi, fils du notable Hadji Chemseddine; 2° Abdul Baki effendi, fils de Hadji Youssouf, du quartier Mersan; 3° Hadji Mehmed, fils de Hadji Hassan; 4° Nadir, fils de Mahmoud; 5° Abdurrazzak, fils de Djémal; 9° Torssoun, fils de Mahmoud; 7° Hamid, fils de Rédjeb; 8° Djémil, fils de Billal; 9° Cheïkh Abdul Malik effendi, fils de Cheïkh Mehmed Muvrévi; 10° le Commandant de la gendarmerie de Bitlis, Ismaïl bey.

Ahmed effendi, ex-cadi de Mouradié, a été tué dans son lit; sa sœur, Bédrié Zeman Hanim, Périchan Hanim, fille de Rédjeb effendi, Leila, femme du caporal Halid, son fils Salih furent aussi tués dans leurs maisons en subissant d'atroces supplices.

N° 10.

DÉPOSITION

sous serment de Féhim bey, fils de Kahraman bey, originaire de Mouradié, membre du Conseil d'administration de cette ville, se trouvant actuellement émigré au village de Klet (vilayet de Van).

C'était au commencement de 1331 (1915) que des bandes russo-arméniennes, formées la plupart d'Arméniens, avaient envahi le district de Bayazid ainsi que les 300 villages de la commune d'Ayara dépendant de Mouradié. Là, elles ont massacré tous les habitants musulmans qu'elles rencontraient sur leur route, sans épargner même ceux qui se rendaient à elles. Sachant que nous aurions le même sort que nos coreligionnaires, si nous nous rendions à ces bandes, nous décidâmes de fuir et partîmes pour Erdjiche avec les habitants des villages environnants de Mouradié.

Tandis que nous quittions notre village pour aller à Erdjiche, quelques milliers d'habitants de la commune d'Ayaya, qui s'étaient sauvés du massacre des Russo-arméniens, se réfugièrent à Mouradié. Le jour même nous quittâmes cette localité. Plus tard, quelques femmes et enfants qui s'étaient également sauvés et qui se sont joints à nous, nous racontèrent, les larmes aux yeux, que le reste des habitants de la commune d'Ayaya, refugiés à Mouradié, avaient été anéantis par la bande de Surpine Arménian, sujet russe, qui s'occupait de commerce à Bayazid.

Pendant notre marche, nous apprîmes de Salih bey, fils du maire du village Gumuche, que les habitants de son village ainsi que ceux des villages environnants avaient été massacrés par la bande arménienne de Aram de Van, chef de Comité, qui fit brûler vifs les enfants dans des fours destinés à cuire du pain. En route, nous avons constaté avec Salih bey que le village musulman de Iguidjé composé de 30 maisons et celui de Gumuche de 100 habitations avaient été entièrement dévastés par des bandes arméniennes. Des cadavres d'hommes et de femmes horriblement mutilés gisaient partout. On voyait dans les fours les squelettes carbonisés des enfants. Quelques femmes et enfants qui ont pu échapper au massacre du village de Gumuche vinrent se joindre à nous et racontèrent que tous les habitants de leur village avaient été tués ou brûlés sans pitié par les bandes arméniennes.

N° 11.

DÉPOSITION
sous serment de Mollah Mehmed, fils d'Abdurahman, originaire de Kizil Kilissé, district de Mouradié.

Dans cette déposition, le signataire corrobore les déclarations du témoin précédent. Il ajoute seulement que le seul survivant du village Gumuche était Salih bey qui a échappé à la mort en se cachant dans un puits. C'était la bande arménienne d'Aram de Van, chef du Comité qui avait organisé le massacre général du village de Gumuche, lors de sa retraite vers la frontière.

Nº 12.

DÉPOSITION

sous serment, par devant le Mudir de Hani, de Mevloud oglou Mehmed, gendarme à Mouche, âgé de 37 ans, un des derniers réfugiés de Hani, originaire du quartier Kalé (Mouche).

Je me trouvais, depuis deux mois et demi, comme prisonnier de guerre en Russie. Il y a dix jours que j'ai pu m'enfuir et ayant appris que le bureau de notre bataillon se trouvait à Hani, j'y suis arrivé.

J'avais quitté Mouche le 8 janvier 1331 (1915) pour porter le courrier au commandant du détachement se trouvant dans le secteur de Liz (Mouche). Arrivé sur les collines du village Molla Davoud, je fus cerné par les soldats russes et les bandes arméniennes. Je réussis à faire disparaître tout le courrier avant de tomber prisonnier. Les Arméno-russes m'ont pris mon fusil, ma montre et mon argent. Parmi les soldats ennemis, il y avait une dizaine d'Arméniens parmi lesquels j'ai reconnu : les nommés Kéchich oglou Quinaz de Boulanik, Gazar du village Ayri, Dedo du village Quelan et Vano Melkon oglou de Mouche. Ceux-ci ont voulu me tuer, mais les Russes, pour je ne sais quelle raison, les en ont empêchés. Là-dessus, les Arméniens m'ont battu fortement. Puis ils m'ont emmené au village Molla Davoud où ils m'ont montré à leurs officiers et enfermé dans une maison gardée par six soldats russes. Pendant les nuits, un d'entre eux montait la garde tandis que les cinq autres allaient aux villages où ils rassemblaient les nouvelles mariées et les jeunes filles, les emmenaient auprès de leurs camarades; alors, ils les forçaient à danser et à prendre du vin. Après avoir assouvi sur elles leurs instincts bestiaux, ils me disaient: «Regarde, tous les musulmans essuyeront les mêmes affronts» et ils injuraient grossièrement la religion musulmane.

En quittant ce village, les Arméno-russes qui m'emmenaient aussi massacrèrent, après mille tortures, les personnes qui y étaient restées. Nous arrivâmes au village «Razanan» où ils enfermèrent toutes les femmes dans une maison et les hommes dans une autre; ils m'emprisonnèrent aussi dans une troisième maison. Voilà ce que j'ai vu par la fenêtre: Les Russo-arméniens appelèrent un à un les hommes; après leur avoir pris leur argent, ils les tuèrent en faisant subir à chacun différents supplices qui consistaient à leur crever les yeux, à les écorcher et à les mutiler. Ces forfaits abominables accomplis, ils se sont rendus chez les femmes. Ils choisirent les nouvelles mariées et les jeunes filles belles, les déshabillèrent et leur firent subir les derniers outrages. Au moment où ils perpétraient leur crime, les Arméno-russes, voyant que deux de leurs victimes étaient enceintes, se réunirent autour d'elles, engagèrent un pari entre eux, pour la somme de quatre roubles, sur le sexe des enfants que les femmes portaient en elles et ouvrirent le ventre de ces malheureuses. Ensuite, ils pendirent six femmes aux arbres, lesquelles furent ensuite dépecées. Puis ils me dirent: «C'est ce que vous méritez». Nous quittâmes ce dernier village pour aller à celui de Molla Yaya. Là, je fus de nouveau enfermé dans une maison. Les mêmes crimes y furent commis. La nuit, je pus m'évader de la prison et à travers mille difficultés je suis arrivé ici. Les fugitifs musulmans que j'ai rencontré en cours de route, disent avoir été témoins oculaires de crimes analogues commis contre les musulmans.

Ainsi, tous les habitants de deux villages «Kara Hussein» et «Kuchanli» furent passés au fil de l'épée par les Arméno-russes.

N° 13.

CRUAUTÉS
commises dans les villages Korso et Sékur, dépendant de la commune de Hakif.

Déposition sous serment de Févzi effendi, Mudir de la commune de Hakif, dépendant du Caza de Hizan.

Nous nous étions rendus en octobre 1330 (1914) au village Hilis avec une vingtaine de gendarmes pour réunir les recrues qui seraient envoyées aux bataillons d'ouvriers nouvellement formés. Le Conseil des anciens nous a répondu qu'aucune recrue ne se trouvait dans le village et que la plupart des villageois se trouvaient déjà dans l'armée ou à Revan. Cette déclaration étant fausse, nous avons fait une liste de 50 à 60 recrues qui devaient se présenter le lendemain. Celles-ci n'ayant pas fait acte de présence, j'ai du envoyer au village (Korso) quatre gendarmes et deux autres au village (Sékur) pour les faire découvrir. A l'arrivée des gendarmes au village Sékur, ses habitants, tous Arméniens, les insultèrent et les éconduisirent en disant: «Eloignez-vous d'ici, votre Mudir n'a pas d'autorité sur nous:

que votre sous-gouverneur vienne accompagné de deux bataillons». Alors je fus obligé d'adjoindre sept gendarmes aux deux autres et de les renvoyer à ce village. Ceux-ci, arrivés au bas du village, furent reçus par un feu de salve. Deux gendarmes, les nommés Ismaïl et Nézir de Bitlis, furent tués. Les autres, après un combat inutile de quelques heures durent retourner à Hakif.

Quant aux autres gendarmes envoyés à «Korso» les Arméniens leur firent d'abord un bon accueil et les invitèrent à dîner dans une maison où huit Arméniens, se jettant sur eux, les égorgèrent. A l'arrivée de ces nouvelles, je partis, avec la force dont je disposais, pour me rendre aux susdits villages en vue d'effectuer une enquête. La population arménienne s'étant mise en révolte, nous avons renoncé à notre projet et sommes allés à Hicht, village voisin habité exclusivement par des musulmans. Peu après y arriva, comme parlementaire, une femme arménienne, nommée Soltan du village Dikri, portant un message de la part de Dalo du village Ozin et de Calos du village Sékurli, tous les deux, chefs des Comités arméniens. Soltan nous dit: «Si vous ne remettez pas les soldats arméniens recrutés comme ouvriers entre les mains des Arméniens révoltés, ils sont décidés à vous passer au fil de l'épée et à détruire vos villages avec des bombes.» Nous n'avons pas obéi, bien entendu, à cette sommation. Les Arméniens nous cernèrent: l'échange de coups de feu dura jusqu'au lendemain, journée pendant laquelle d'autres gendarmes et des forces kurdes étant accourus à notre secours, nous pûmes repousser les agresseurs. Durant ces événements, plusieurs femmes et enfants furent tués sans raison. Comme il est prouvé par les faits ci-dessus mentionnés, les Arméniens ne cessaient de fomenter des troubles dans le pays et mettaient tout en œuvre, afin d'entraver la bonne marche des affaires civiles et militaires.

DANS LA PROVINCE D'ERZEROUM.

RÉSUMÉ.

Lorsque l'an dernier, les Russes furent délogés de la ligne Hassan-Kalé et poursuivis vers la frontière, on constata qu'ils avaient emmené avec eux plus de 2000 musulmans formant la majeure partie de la population de Passinler. Quelques-uns de ces malheureux furent dirigés vers l'intérieur de la Russie et le reste fut massacré.

Des révolutionnaires arméniens en bandes entrèrent dans le village de Salimli et y firent subir les derniers outrages à toutes les jeunes filles.

La belle-fille du notable Réchid bey ne s'étant pas laissée déshonorer, fut assassinée; sa belle-mère blessée.

La famille du lieutenant Abdoullah effendi, qui est de la garde-frontière de l'endroit, et qui était resté à Bayazid, fut dirigée en Russie avec cinq autres familles de fonctionnaires ottomans.

Dans la ville d'Erzeroum, toute la population, y compris les enfants de 14 ans, fut conduite vers différentes destinations inconnues.

A Ache-Kalé, Ilidja et Pekridj, des détachements russes, composés de cosaques et de volontaires arméniens, massacrèrent une centaine de personnes et déshonorèrent presque toutes les jeunes filles devant les familles mêmes de leurs victimes.

A Terdjan, on constitua un Conseil des bandes arméniennes. A la suite du simulacre de jugement rendu par ces assassins, plus de 400 musulmans furent exécutés. Les noms de ces victimes seront prochainement publiés.

Les réfugiés de Narman, ainsi que des autres villages de la frontière, qui ont pu se soustraire aux atrocités russo-arméuiennes et qui se trouvent actuellement installés dans le village de Motni d'Erzindjan, déposèrent sous serment que toute la population de leurs villages, s'élevant à quelques dizaines de milliers de personnes, fut complètement exterminée et toutes les femmes et les jeunes filles déshonorées.

A Tavskerde, Artvine, centres musulmans, il ne reste presque plus de musulmans. Dans ces régions, les Russo-arméniens ont anéanti une population de 40,000 âmes.

DÉCLARATION

assermentée de Chérif bey, Directeur de l'Instruction publique de Van, qui parvint à échapper par miracle à cette tuerie (Van).

Le Gouverneur général d'Adana, Djevdet bey, alors à Van, rencontra, avec Halil bey, commandant militaire, quelques milliers de cadavres de femmes et d'enfants.

Les crimes qui ont pu être constatés jusqu'à présent d'une façon certaine, d'après des déclarations assermentées, à la suite de la réoccupation de Van, sont les suivants :

Dans la ville de Van.

Pendant l'occupation de cette ville par les Russes, ceux-ci ont distribué à la population musulmane des pains empoisonnés, ce qui causa une mortalité effrayante.

Quartier Halil Agha.

Famille de Hussein effendi, ex-chef du bureau de comptabilité de la province: sa jeune fille fut déshonorée; sa femme assassinée; son frère Hussein effendi, maître d'école, la femme de ce dernier et leurs quatre enfants furent égorgés.

Famille de Derviche effendi, fonctionnaire en retraite de la comptabilité de la province: ses deux jeunes filles, Hourié et Chadié, furent violées devant leur mère, leur oncle Sabri effendi et leur tante. Après avoir assisté à cette scène, ceux-ci furent égorgés. L'une de ces jeunes filles est morte plus tard des suites de l'outrage.

Famille de Vehbi effendi, chef-comptable de Chatak: son père, son oncle Youssouf bey et sa femme furent assassinés.

La famille de Natchadji Edhem, composée de 15 personnes, fut totalement massacrée.

Trois religieux vénérables, Issa effendi, iman du quartier, âgé de 90 ans; Rassih effendi, maître d'école en retraite, âgé de 70 ans; Derviche effendi, iman de Vidjdabich, eurent la barbe et les moustaches rasées et le visage sali avec des ordures. Après quoi, ils furent traînés dans les rues à dos d'âne et finalement assassinés. L'épouse de Rassih effendi, âgée de 60 ans, a trouvé la mort après une hémorrhagie occasionnée par les tortures qu'elle a subies.

Des familles de Hourchid et de son frère Kiamil effendis, composées de 12 âmes, 3 personnes seulement échappèrent au massacre.

Suleiman agha et sa femme; Halil effendi, fonctionnaire en retraite, aveugle, et son fils Sidki effendi; le percepteur Hadji effendi, précédemment blessé, ainsi que sa jeune femme et ses cinq enfants, dont deux garçons et trois filles, furent tués.

Quartier Chamran.

Deux cents femmes et enfants réfugiés chez Mehmed bey, où se trouvaient déjà alités le lieutenant Izzet effendi et un chirurgien, furent tous massacrés au son des chants entonnés par leurs persécuteurs.

Les deux enfants, âgés de cinq et de sept ans, de Séher, femme de Djémal effendi, furent arrachés des mains de leur mère et mis en pièces à coups de coutelas. Même procédé fut pratiqué à l'égard de la femme d'Abas, fils de Hamza, et de ses trois filles.

Aïché, sœur du sergent Halil; Abdoullah effendi, âgé de 80 ans, et sa femme furent piétinés. Leurs têtes furent écrasées à coups de pierres.

Quartier Chabanieh.

Le lieutenant Adburahman effendi, qui gardait le lit, fut battu et assassiné après avoir subi d'horribles tortures.

Hadji Eumer effendi, négociant, fut dévalisé et ensuite égorgé.

Zaïdé, âgée de 12 ans, nièce de Bekir effendi, ex-mouhtar du village de Topdji-oglou, fut horriblement souillée et succomba peu après.

Quartier Hafuz effendi.

La nommée Adilé, mère d'Ismail Menkéuouz oglou, Baïram et le boucher Abbas ont été assassinés. Les deux jeunes filles d'Abbas, Fikrié et Chadié, ont été emmenées par les Russes.

Quartier Emin Pacha.

Mehmed Ali effendi, officier en retraite, fut attaché à un arbre et servit de cible. Sa sœur, âgée de 80 ans, et sa femme qui, exaspérées par ce supplice, s'étaient jetées sur le cadavre, furent mises en pièces.

La femme de Nedjib effendi, poêlier, a eu le même sort.

Quartier Selim bey.

Le nommé Halid Souvar oglou, avec plus de 50 de ses voisins, demandèrent grâce aux soldats russes qui rôdaient dans le quartier en compagnie du révolutionnaire arménien Panos. Pour toute réponse, ceux-ci fusillèrent les hommes, les enfants et les vieilles femmes. Deux garçons furent jetés dans le puits de la maison de Hadji Zia bey, située dans la rue Senemqué.

Le nommé Salih, de Yessir Capoussi, sa femme Fatna, ses quatre jeunes filles de 5 à 10 ans, son frère et sa sœur, ainsi que dix-sept autres personnes eurent à subir le supplice du croc.

Les enfants furent coupés en morceaux et leurs mères eurent les cheveux trempés dans le sang de leurs enfants.

Les trois fils et les deux filles de la sœur de Salih, les deux enfants de Kassim, du quartier Djamil Kébir, furent égorgés.

Les mères des pauvres victimes furent contraintes à boire le sang de leurs enfants, puis elles furent massacrées.

La femme de Hassan effendi, officier, originaire de Sivas, qui était restée à Van, fut dépouillée de ses biens et tuée avec ses deux enfants.

DANS LA PROVINCE DE TRÉBIZONDE.

Des soldats russes qui entrèrent avec des bandes arméniennes dans le village de Lazandos, du district de Of, déshonorèrent devant son mari la nommée Yasémin, femme de Dilsis oglou Ali Osman et blessèrent ce dernier à coups de baïonnettes. Les mêmes soldats se rendirent coupables d'autres viols et assassinats sur la population de ces régions.

Dans le village Pirvana, du district Surméné, les Russes assassinèrent le nommé Sou Itchnes oglou Bidjan Agha, après avoir violé sa femme devant ses yeux. Ceux qui, parmi la population des villages Pirnak, Zimlé Koua, Ziméli Kébir et Ziméli Saghir, n'avaient pu s'enfuir, furent impitoyablement massacrés. Les femmes du village Elana de Of furent conduites par les soldats russes dans les tranchées, où elles furent violées par ces barbares. La femme de Tchakir oglou Suleiman, du village Polid, fut assassinée après avoir été violée.

Les femmes de Téhi oglou Emin, du village Sabava, du percepteur Ali, de Hadji Moustapha oglou Mehmed, du village Zino, et de Molla Mehmed oglou Asker Mahmoud furent violées.

Les jeunes filles des nommées Kémahdji Zadé Ahmed, du village Komanit, Ali oglou Mehmed et

Daï oglou Hussein, agha du village Kel Ali, essuyèrent le même outrage.

Omer oglou Osman, du village de Inoz Tach, de Surméné, fut assassiné et sa femme violée par des soldats russes et des révolutionnaires arméniens.

Les troupes russes répartirent entre les bandes arméniennes tous les jeunes gens qu'elles rencontrèrent.

Les Arméniens qui étaient chargés d'accompagner les habitants, assassinèrent à coups de baïonnettes tous les vieillards et enfants et violèrent les femmes. Ce fait a été rapporté par une malheureuse femme âgée de 40 ans, du village de Karanli de Pomré qui, après avoir été violée, a pu regagner le village Kadarouz dans un état pitoyable.

Les barbares Arméno-russes, pendant leur retraite de Loma, assassinèrent toutes les femmes et les enfants réfugiés chez le percepteur Osman effendi, du village Sumla, de la commune de Vitché.

Des femmes et des enfants se trouvant dans quelques maisons du village Ab Emchin furent conduits dans un ravin où ils furent massacrés par une bande de 30 Arméniens.

Une autre bande russo-arménienne de 5 individus a tenté de déshonorer une femme en présence d'un gendarme turc; celui-ci ayant voulu empêcher ce forfait fut assassiné à coups de baïonnettes. Un de ces bandits, qui se rua sur la pauvre malheureuse, arracha avec ses dents une partie de sa joue.

Après la retraite des troupes turques de Of, les Russo-arméniens assassinèrent de nombreux ulémas, ainsi que le mufti.

Dans les villages d'Akrché-Abad, ils incendièrent les habitations, enlevèrent même le bétail appartenant à la population grecque et conduisirent dans différentes directions inconnues toutes les femmes et les jeunes filles.

DÉPOSITION

sous serment faite par Ali effendi, fils de Hadji Youssouf, âgé de 62 ans, originaire de Hins, domicilié au quartier Djami-i-Kébir, à Ergani Madon et membre du tribunal de Vartou (Erzeroum).

Nous avions émigré le 31 janvier de Vartou. L'ennemi, composé de réguliers russes et de bandes arméniennes, s'avançait vers notre ville, massacrant les hommes, les enfants et les vieilles femmes, violant les jeunes femmes, brûlant les unes dans des maisons où ils les enfermaient, éventrant les femmes enceintes à coups de sabre. Toutes ces victimes, au nombre de 500, fuyaient devant l'ennemi; mais la neige formant un grand obstacle à leur marche rapide, elles furent atteintes par l'ennemi qui perpétra les dites atrocités. Les effets et le bétail appartenant à ces victimes furent totalement emportés par les Russo-arméniens.

J'ai été témoin oculaire de ces cruautés, me trouvant sur la colline dominant les environs.

Tevfik effendi, fils de Yakoub, âgé de 35 ans, greffier au tribunal de Vartou, qui regardait avec Ali effendi, juge au tribunal, du sommet dominant la vallée près de Vartou, l'arrivée des Russes, fit la même déclaration en ce qui concerne la conduite criminelle des Russo-arméniens à l'égard des musulmans.

DÉPOSITION

de Mevloud effendi, fils de Ibrahim, originaire de Mouche, domicilié à Ergheni Madeni (Erzeroum).

Je me rappelle très bien, avec leur date précise, toutes les atrocités abominables commises par les Russo-arméniens sur les musulmans.

Le 25 novembre 1330 (1914), les Russo-arméniens brûlèrent vifs sur du fumier arrosé de pétrole tous les habitants du village Merguenhi du district de Seraï, sans distinction d'âge ni de sexe.

Le 7 janvier 1331 (1915) les Russes brûlèrent dans leurs maisons mêmes tous les habitants des villages Yaman Yourdji, Hérénil et Bilédjik. Une partie des habitants du village de Sire et Kumbet, de la commune de Batchirghé, ayant émigré le 25 avril 1331 (1915), ceux qui restèrent furent arrêtés et conduits à Batchirghé pour y être brûlés vifs ou massacrés par les Arméno-russes.

Le 21 janvier 1331 (1915), lors de l'évacuation de Marache, les Russes après avoir brûlé la population musulmane, sans épargner même les enfants du village d'Ourma de la commune d'Aza-Kour, se rendirent aux villages de Kon et de Boulanik où ils reprirent le cours de leurs actes criminels.

DÉPOSITION

sous serment de Hassib (Erzeroum).

L'émigré Hassib, qui avait fait le trajet de Gueurmousson à Melazgherd au début des hostilités (octobre 1914 v. v.), raconte comme suit les faits horribles dont il a été témoin pendant son voyage.

Dans les lieux envahis par les Russes, les bandes russo-arméniennes rivalisaient d'ardeur entre elles pour commettre toutes sortes de cruautés envers la population musulmane tombée entre leurs mains.

Suron de Bayézid, un des chefs du Comité arménien, Pastirmadjian, ex-député d'Erzeroum et Karaguine, à la tête d'une bande composée d'environ 1200 Arméniens, se rendaient dans des villages habités par des musulmans, éventraient les femmes enceintes pour en tirer le fœtus, violaient celles qui étaient belles et tuèrent les autres après d'effroyables tortures. Parmi ces victimes, se trouvait la belle-fille de Gulchen Agha, du village de Kavak, dont les fils et la femme ont été empalés par ces bandes.

Le 28 avril 1915, lorsque Melazgherd tomba entre les mains des Russes, je me trouvais avec ma famille au village circassien Yarémich, distant d'une heure et demie du chef-lieu. A la suite d'une attaque soudaine des Russes, aucun des habitants de ce village, y compris les membres de ma famille, n'a pu être sauvé. Je parvins à me sauver seul et à me réfugier au village de Holik, dépendant de la commune de Ahihat. Le 23 mai, ce village aussi tomba entre les mains des Russes, mais ses habitants réussirent à échapper au massacre, tandis que ceux du village d'Aktché Viran, habité par des Circassiens, ne purent se sauver. Tous les effets des maisons et le bétail d'une valeur totale de 20 à 30 mille livres, appartenant à ces deux villages, furent emportés par les Arméno-russes.

Moussa et Sadoullah Beys, notables du village d'Aktché Viran et leur dix compagnons furent dirigés les mains liées à Melazgherd où, après avoir subi des interrogatoires, ils furent livrés aux Arméniens qui les tuèrent tous à l'endroit dit « Kiré », en commençant par leur crever les yeux.

De là, je me suis rendu au front de guerre Liz. Cette localité fut occupée, puis évacuée par les Russes. Les soldats blessés ottomans qui se trouvaient en traitement dans l'hôpital de cette localité et qui n'avaient pu être emmenés avant l'occupation russe, furent trouvés après l'évacuation russe, dans un état horrible. D'une quarantaine de soldats qui s'y trouvaient, les uns avaient les yeux crevés et la tête séparée du tronc, les autres étaient écorchés vifs jusqu'à la moitié de leur corps et pendus.

Moussa Bey, mon beau-frère, Djémal et Husséïn effendis, tous les trois Circassiens, nous nous sommes trouvés le cœur déchiré devant ce spectacle navrant.

Le Circassien Moussa Bey, qui se promenait dans la ville, rencontra par hasard dans la cave d'une maison un soldat ottoman à demi mort de faim. On lui prodigua les soins que son état exigeait. Ce soldat appelé Mémiche, fils d'Abdullah, du village Baba Yagmour (district Bogazlyan), affirma que toutes ces cruautés commises à Liz furent l'œuvre des Arméniens et des femmes arméniennes restés à Liz.

TABLE DES MATIÈRES.

I.

II.

DOCUMENTS RELATIFS A LA QUESTION TURCO-ARMÉNIENNE

www.ingramcontent.com/pod-product-compliance
Ingram Content Group UK Ltd.
Pitfield, Milton Keynes, MK11 3LW, UK
UKHW031046260726
13965UKWH00006B/670